행복에 대한 철학적 접근 행복으로 보는 서양철학

행복으로 보는 서양철학

행복에 대한 철학적 접근

'행복이란 무엇인가?'
고대부터 현대까지 수많은 철학자들이 살펴본
행복에 이르는 길에 대한 철학적 해답

임정환 저

씨
아이
알

여는 글

지금까지 살면서 철학 원전뿐만 아니라 철학과 관련된 개론서가 출간되면 흥미를 갖고 읽어 왔습니다. 물론 철학이 재미없다고 생각했던 시절도 있었습니다. 하지만 철학 원전보다 철학 개론서를 읽으며 점차 철학에 흥미를 갖고, 철학에 빠져 들었습니다. 원전보다 이해하기 쉬운 개론서들을 읽으면서 철학에 관심과 흥미가 생긴 것입니다. "아는 만큼 보인다."라는 말이 있듯이, 신기하게도 알면 알수록 철학을 더 알고 싶은 욕구에 사로잡혔습니다. 특히 철학 개론서를 읽으면서 철학 원전을 읽기 위해서는 준비운동이 필요하다는 것을 깨달았습니다.

철학 원전을 읽는 것은 철학을 제대로 이해하기 위해 반드시 필요한 과정입니다. 수많은 철학 관련 서적을 읽을 때마다 '이 책에서 단 한 줄이라도 내가 깨달음을 얻는다면 이 책을 읽은 것은 결코 헛되지 않다'라는 생각으로 되도록 많은 책을 읽으려고 노력했습니다. 하지만 개론서를 통한 준비운동 없이 바로 원전을 읽는 것은 무리였습니다. 많은 개론서를 읽은 다음에야 원전을 읽고 싶은 마음이 생겼고, 원전에서 말하는 철학 사상도 비로소 제대로 이해할 수 있었습니다. 그동안 제게 철학적 이해를 선사한 수많은 개론서는 축복과도 같습니다.

그러나 아직도 읽어야 할 원전은 많고 알면 알수록 더 공부해야겠다는 생각이 들 뿐입니다.

결혼을 하고 아들, 딸이 생기면서 우리 자식들이 행복하게 살았으면 하는 바람이 생겼습니다. 언젠가 아리스토텔레스의 『니코마코스 윤리학』을 읽으면서 '아리스토텔레스는 아들 니코마코스에게 행복에 관한 책을 남겨주었으니 얼마나 행복했을까' 하는 생각이 들었습니다. 아들에게 물질적 유산을 남겨주지는 못해도 행복해지는 방법을 가르쳐줄 수 있다면 이보다 더 의미 있는 일은 없을 것 같다는 생각이 머리를 떠나지 않았습니다. 그러다 우연히 박사 논문을 준비하면서 교수님의 추천으로 '행복'에 관해 연구하게 되었습니다. 우연인지 필연일지 모를 절호의 기회가 찾아온 것입니다. 다른 어떤 것보다 행복을 연구하는 것은 흥미진진한 과정이었습니다. 왜냐하면 행복이란 주제는 누구나 관심을 갖는 우리들의 삶에 대한 내용이기 때문입니다.

처음에는 무작정 행복에 대한 철학자들의 주장을 정리하기에 급급했지만 연구를 하면 할수록 그들의 주장에도 공통점이 있다는 것을 깨닫게 되었습니다. 그리고 철학자들이 남긴 유명한 주장들이 결국에는 행복에 이르는 방법과 무관하지 않다는 것도 알게 되었습니다. 행복을 공부하면서 여러 가지 깨달음을 얻게 되었고, 이러한 깨달음을 학생, 후배 교사들을 포함해 많은 사람들과 공유하고 싶은 생각이 들었습니다. 이 책은 바로 그 결실이라 할 수 있습니다. 이 책이 독자들에게 단 한 줄이라도 공감을 줄 수 있다면 더 바랄 것이 없습니다.

지금까지 저를 가르쳐주신 많은 은사님들과 돌아가신 아버지, 아직까지 저를 돌봐주시는 어머니 그리고 사랑하는 아내와 아들, 딸이 이 책과 함께 행복하기를 기원해봅니다. 아울러 저와 행복에 대해 함께 고민해준 사랑하는 제자들과 독자 여러분의 행복을 기원합니다.

2017년 12월

임 정 환 배상

CONTENTS

서 론

서 론

　많은 사람들이 철학은 지루하고 어렵기만 하다고 생각합니다. 철학책 같은 고리타분한 책을 왜 읽어야 하냐고 말하기도 합니다. 우리는 철학과 같은 어려운 학문에 별로 관심을 갖지 않을 수 있습니다. 하지만 자신의 삶의 목적인 '행복'에 조차 관심을 갖지 않을 수는 없을 것입니다. 행복은 남녀노소 누구나 바라는 것이고 삶을 살면서 결코 포기할 수 없는 달콤한, 아니 너무나도 강력한 유혹이자 꼭 달성해야 할 목표입니다.

　현대 한국 사회만 살펴보아도 행복에 대한 관심은 실로 뜨겁습니다. 행복 관련 뉴스나 행복을 주제로 한 책도 쉽게 접할 수 있습니다. 그러나 이러한 행복 열풍은 한국 사회가 그만큼 불행하다는 반증이 아닐까요? 실제로 한국 학생들의 행복지수는 OECD 국가 중 거의 꼴찌를 면하고 있지 못하고 있습니다. 한국 직장인들의 행복지수 또한 최하위권에 머물고 있습니다. 아마도 학교 시설이나 직장 시설이 나빠서 이러한 결과가 나온 것은 아닐 것입니다.

그렇다면 왜 우리들은 이렇게 불행한 것일까요? 경쟁의 원리를 중시하는 자본주의 체제에서 느끼는 상대적 박탈감 때문일까요? 아니면 내가 아닌 남이 만들어놓은 기준들, 즉 부, 명예, 권력 같은 사회적 기준을 주체적인 성찰 없이 맹목적으로 따르기 때문일까요? 이것도 아니라면 인간의 욕심은 끝이 없기 때문일까요? 이러한 질문에 답하고 행복에 도달하기 위해서는 행복이 도대체 무엇인지부터 밝히고, 그 행복에 이르는 길을 적극적으로 찾아 나서야 할 것입니다. 왜냐하면 러셀이 『행복의 정복』에서 강조하였듯이 행복은 그냥 찾아오는 것이 아니고 우리가 정복해야 할 대상이기 때문입니다.

또한 우리는 살면서 자기 자신이 불행에 빠지기도 하고, 사랑하는 가족이 고통스러워하는 모습을 보거나, 친구나 동료, 애인과 같이 우리가 소중히 여기는 사람들이 크고 작은 일로 힘들고 불행해하는 모습도 자주 목격하게 됩니다. 이때 우리는 우리의 아들, 딸에게, 동료와 친구들에게, 우리와 관계 맺고 있는 소중한 사람들에게 어떤 조언을 해주실 것인가요? 단지 나뿐만 아니라 나와 관계 맺고 살아가는 사람들이 행복한 삶을 사는 데 조금이라도 도움을 주기 위해서 행복에 대한 탐구에 동참하는 것은 꼭 필요한 일이라고 생각합니다.

동서고금을 막론하고 '행복이란 무엇인가?'에 대한 해답을 찾는 것은 철학의 주요 과제 중 하나입니다. 철학자들은 고유의 사색과 심도 있는 탐구를 바탕으로 서로 다른 해답을 내놓았고 지금도 이 주제를 가지고 끝없는 논의를 계속하고 있습니다. 독일의 철학자 칸트는 행복이라는 개념은 너무 애매해서, 모든 인간이 행복해지기를 소망하면서도 자신이 진정으로 무엇을 소망하고 또 무엇을 하려고 하는지 한번도 스스로 확실하게 말할 수 없을 정도로 행복의 개념을 정의하기 어렵다고 말한 바 있습니다.

'행복'의 의미를 쉽게 정의하지 못하는 이유는 행복이라는 말속에 너무나 다양한 의미가 담겨 있을 뿐만 아니라, 행복이라는 것이 본질적으로 행복을 느끼는 주체와 밀접한 관련이 있기 때문일 것입니다. 행복의 이러한 주관적인 특성 때문에 행복을 연구하는 학자들 역시 개별적 사례와 증언에 의존하고 있는 실정입니다. 심리학자들의 경우 많은 사람들이 행복이란 긍정적인 감정 상태, 또는 의미와 목적을 추구하는 과정에서 내면 깊은 곳으로부터 느낄 수 있는 기쁨이라고 정의하기도 합니다.

그러나 심리학은 객관적 사실을 탐구하는 경험과학이지 내면세계를 근본부터 성찰해 인간이 반드시 실천해야 할 당위를 제시하는 철학과는 학문적 성격이 다릅니다. 그럼에도 불구하고 행복과 관련된 최근의 관심은 행복을 철학적으로 이해하려는 시도보다는 심리학을 중심으로 접근하려는 경향이 강합니다. 그러다 보니 인간이 삶의 목적으로 평생을 힘써서 추구하는 행복의 철학적 의미는 잊혀가고 있습니다.

우리 주위를 한번 둘러보면, 유치원생이나 초등학생만 보아도 행복하게 살고 있는지 의문이 생깁니다. 부모님들의 기대와 자식이 경쟁에서 승리해 잘 되기를 바라는 욕심으로 인해 영어 유치원에 가고, 수학 학원에 다니고, 각종 학습지를 푸느라 여유를 즐길 시간이 없습니다. 세상사에 골머리 앓지 않고 보낼 수 있는 인생의 유일한 시기임에도 불구하고 공부 때문에 시간에 쫓기고, 부모의 잔소리에 스트레스 받는 모습은 연민을 자아내기에 충분합니다. 이러한 불행은 물질로 해결할 수 있는 것이 아니라 정신적인 문제입니다. 이처럼 우리의 불행이 정신에서 유발되는 것이라면 그러한 문제의 해결은 마땅히 인간의 내면세계를 통찰적 시각으로 간파하는 철학으로 해결해야 할 것입니다.

고대부터 현대까지 수많은 철학자들이 각기 다른 방향에서 행복에 대한 자신의 생각을 풀어나갔습니다. 사실 철학자들이 주장한 삶의 태도는 모두 행복에 이르는 길을 이야기 한 것이라 할 수 있습니다. 고대 동양의 원전에 '행복(幸福)'이라는 단어는 등장하지 않습니다. 하지만 공자가 각자 자신이 맡은 역할에 충실해야 한다고 주장한 정명(正名) 사상이나, 맹자가 항산(생업 보장)이 있어야 항심(도덕적 마음)을 가질 수 있다고 한 주장 또한 행복에 이르기 위한 하나의 방편일 것입니다. 그러나 철학자들의 주장은 너무나 다양하기 때문에 행복에 이르기 위해서 어떻게 살아야 하는지 쉽게 해답을 얻을 수 없습니다. 그렇기 때문에 행복이라는 핵심 주제를 먼저 설정하고, 행복이라는 렌즈를 통해 철학을 바라볼 필요가 있습니다.

고대에서 현대까지 수많은 철학자들이 존재하고 모두 다른 주장을 하고 있지만 행복이라는 렌즈를 통해 다양한 서양철학들을 살펴본다면 차이점뿐만 아니라 공통점도 발견할 수 있을 것입니다. 만약 공통점이 있다면 그것을 행복에 이르는 본질적 요소라고 생각해도 될 것입니다. 행복에 이르는 다양한 시각을 살펴보는 것도 의미 있는 일이겠지만 행복에 이르는 본질적인 요소가 무엇인지 찾아보려는 노력 또한 우리들의 남은 삶을 위해 뜻깊은 일이라고 생각합니다. 나아가 행복에 대한 철학적 접근을 통해 철학에 대한 이해를 넓히고 행복한 삶을 사는 밑거름을 제공받을 수 있다면 그것 또한 행복한 일이라 생각합니다.

고대 철학의 핵심 주제는 행복이었습니다. 고대 그리스 철학자 중에서 행복을 논의한 대표적
철학자는 소크라테스, 플라톤, 아리스토텔레스가 있습니다. 소크라테스는 철학에서 인간의 도
덕 문제를 본격적으로 다룬 대표적인 철학자입니다. 그는 인간이 행복을 원하는 존재이고, 행
복은 다름 아닌 참된 지식과 덕을 통해 실현될 수 있다고 보았습니다. 소크라테스의 제자인 플
라톤은 소크라테스의 주지주의 입장을 충실히 계승하여 영혼이 조화와 균형을 이루어 정의의
덕을 갖출 때 행복에 도달할 수 있다고 보았습니다. 플라톤의 제자인 아리스토텔레스는 이 두
철학자의 주장을 더욱 발전시켜 고대 행복론 중에서 가장 체계적인 행복론을 완성하였습니다.

그런데 아쉽게도 소크라테스는 자신이 직접 쓴 저작을 남기지 않았습니다. 그러나 우리가 소크
라테스의 철학을 알 수 있는 이유는 제자인 플라톤의 저작들에 소크라테스가 등장하기 때문입
니다. 소크라테스와 플라톤의 행복에 대한 관점이 세부적으로는 차이가 있지만 주지주의라는
큰 틀에서 그 흐름을 같이 하므로 1장에서는 먼저 고대 그리스 행복론의 기초를 다진 소크라테
스의 행복론을 간단히 살펴볼 것입니다. 이를 토대로 고대 그리스 행복론의 정점이자 덕 윤리
의 원형을 제공했다고 평가받는 아리스토텔레스의 행복론도 심도 있게 살펴볼 것입니다.

1장
행복론의 철학사적 흐름:
고대 그리스

01
소크라테스의 행복론

소크라테스와 소피스트

소크라테스(Socrates, B.C. 470~399)는 예수, 석가, 공자와 함께 세계 4대 성인으로 추앙받는 인물입니다. 그는 아테네에서 태어나 아테네에서 생을 마쳤습니다. 그의 아버지는 조각가였고, 어머니는 아이를 낳을 때 산모를 도와주는 산파였습니다. 소크라테스의 부인 크산티페는 악처로 유명합니다. 하지만 소크라테스가 집안일을 돌보기보다는 철학에만 관심을 두었으므로 부인의 입장에서는 악처로 평가받는 것이 억울할 수 있습니다. 소크라테스는 한 가족의 가장임에도 불구하고 돈을 벌어오는 데는 관심이 없었으므로 부인이 잔소리하는 것은 어쩌면 당연한 일일 수 있습니다.

소크라테스의 외모는 못생겼던 것으로 잘 알려져 있습니다. 하지만 그는 외모에는 관심이 없었으므로 외모 때문에 스트레스받는 일은 없었을 것입니다. 소크라테스는 부, 명예, 권력을 추구했던 소피스트와 달리 시민들에게 영혼(정신)의 상태를 최선의 상태로 가꾸는 일에 매진하라고 설득하며 평생을 살아간 철학자입니다. 물론 소크라테스자신 또한 일생을 영혼을 가꾸는 일에 최선을 다하며 살았습니다.

그는 불의에 굴복하거나 타협하지 않는 강건한 성품을 지니고 있었습니다. 하지만 이러한 성품은 오히려 당대 권력자들과 지식인들의 미움을 받는 이유가 되었습니다. 소크라테스는 권력자에게 아부하거나, 주위 사람들의 부정의를 보고 그냥 넘어갈 수 있는 성격이 아니었습니다. 그는 오직 정의로운 행동만을 실천했으며 자신의 사상을 평생 말뿐만 아니라 행동으로 실천한 철학자입니다.

소크라테스는 어떠한 상황에서도 자신이 옳다고 생각한 주장을 굽히지 않는 강직한 태도뿐만 아니라 문답법을 통해 당시 지식인들을 무지한 사람으로 만들었기 때문에 많은 사람들에게 미움을 사게 됩니다. 이로 인해 아테네 시민들에 의해 신을 모독하고 청년들을 타락시켰다는 죄목으로 고발당하게 됩니다. 그는 재판과정에서 자신이 사형을 당할 수도 있는 상황임에도 불구하고 시민들의 무지를 자각시키는 자신의 소명을 포기하지 않겠다고 주장합니다. 이처럼 죽음 앞에서도 자신이 옳다고 생각한 것은 결코 포기하지 않는 굳건한 모습을 보여 주었습니다. 결국 소크라테스는 독배를 마시고 죽게 됩니다. 그러나 소크라테스는 말뿐이 아닌 행동으로 자신의 철학을 실천하였기 때문에 그의 삶과 철학은 오늘날까지도 커다란 울림으로 남아 있습니다.

소크라테스는 델포이 신전의 무녀로부터 자신이 가장 현명한 자라는 신탁을 받게 됩니다. 이 신탁의 의미를 알기 위해 고민한 끝에 자신이 다른 사람들보다 더 현명한 이유를 깨닫게 됩니다. 그 이유는 바로 다른 사람들은 훌륭하고 선한 것에 대해 알지 못하면서도 알고 있다고 착각하면서 살지만, 자신은 자기가 모른다는 사실을 알고 있다는 것입니다. 이러한 깨달음을 바탕으로 그는 모르면서도 안다고 믿는 사람들의 무지를 자각시켜야 한다고 생각했고, 이를 신이 부여한 소명이자 평생의 과업으로 여겼습니다. 이러한 소크라테스의 행적으로 인해 "너 자신을 알라"라는 말을 소크라테스가 직접 주장한 것으로 알려져 있지만, 사실은 델포이 신전에 새겨져 있던 문구입니다.

소크라테스가 철학했던 방법은 문답법, 대화법, 산파술이라는 다양한 이름으로 부릅니다. 사실상 세 가지 모두 같은 방법인데 명칭만 다른 것입니다. 소크라테스는 만나는 사람마다 무지를 깨닫게 해주기 위해 대화를 시도했습니다. 이때 주요 대화 내용이 질문하고 답하는 것이었기 때문에 대화법, 문답법이라고 불립니다. 산파술이란 소크라테스 어머니의 직업이 산파인 데서 유래한 용어로 아기를 낳듯이 사람들이 지닌 무지를 끌어낼 수 있도록 돕는 방법이라는 의미입니다.

실제로 우리는 어설프게 알거나 제대로 된 앎을 갖고 있지 않으면서도 잘 알고 있다고 착각하며 살아가는 것은 아닐까요? 그렇기 때문에 본의 아니게 악을 저지르기도 하고, 잘못 사용한 용기로 인해 큰 피해를 입기도 합니다. 만약 소크라테스가 직접 찾아와서 우리에게 용기가 무엇인지 아느냐고 묻는다면 안다고 해야 할까요, 모른다고 해야 할까요? 용기가 무엇인지 정확하게 설명할 수 있나요? 사실 용기라는 말 정도는 잘 알고 있다고 생각해 일상에서 거리낌 없이 사용하곤 하지만, 실제로 용기가 무엇인지 정확히 정의내리기란 쉽지 않습니다.

만약 용기가 무엇인지 아느냐는 질문에 "용기란 겁 없이 행동하는 것"이라고 대답했다고 가정해봅시다. 만약 어떤 사람이 겁 없이 5층에서 뛰어 내려 크게 다쳤다면 그를 용기 있는 사람이라고 할 수 있을까요? 이처럼 계속해서 질문을 받다 보면 자기 자신이 용기에 대해 잘 모른다는 사실을 깨닫게 됩니다. 질문하고 답하는 과정을 통해 무지를 자각시키는 것이 바로 소크라테스가 철학을 했던 방법입니다.

소크라테스는 용기가 무엇인지 정확하게 모른다면, 우리가 용기를 사용하지 말아야 할 상황에서 어설프게 용기를 사용하게 되기 때문에 용기를 제대로 발휘할 수 없다고 생각했습니다. 이는 인간이 행해야 할 다른 모든 덕목들에서도 마찬가지입니다. 따라서 우리가 적절한 상황에서 용기를 발휘하기 위해서는 일단 용기가 무엇인지 잘 모르고 있다는 무지의 자각이 선행될 필요가 있습니다. 자신의 무지를 자각해야만 누구나 인정할 만한 용기라는 것이 무엇인지, 덕이 무엇인지, 나아가 보편적인 진리를 탐구해야겠다는 생각을 가질 수 있고, 이를 위해 자신의 삶을 투자하게 될 것입니다. 반대로 용기가 무엇인지 잘 모르면서도 알고 있다고 생각한다면, 용기가 무엇인지, 보편적 진리가 무엇인지 전혀 관심을 갖지 않게 될 것입니다. 사소한 듯 보이지만 무지를 자각하고 못하고의 차이는 전혀 다른 삶을 살게 만들 것입니다.

소크라테스는 돈, 명예, 권력과 같은 세속적 가치를 추구하는 것보다는 자신의 무지를 깨닫고 진리를 탐구하는 것이 더 행복한 삶을 살아가는 방법이라고 생각했던 것입니다. 이러한 소크라테스의 생각은 오늘날 보이지 않는 자신의 내면세계보다 겉모습을 꾸미기 위해 노력하는 많은 사람들에게도 큰 교훈을 주고 있습니다.

소크라테스는 "검토하지 않는 삶은 살만한 가치가 없다"라는 유명한 말을 남겼습니다. 자신의 삶을 반성하고 성찰하지 않는다면 우리 영혼의 상태는 겉모습과 달리 초라해질 것입니다. 우리는 타인에게 화려한 외모나 장신구로 칭찬받으려 하기보다는 영혼의 상태로 칭찬받기 위해 노력해야 합니다. 매일매일 자신을 성찰하며 영혼의 상태에도 관심을 갖는다면 우리의 영혼은 몰라보게 깨끗해지고 참된 지혜로 가득 찰 수 있을 것입니다.

소크라테스가 활동했던 시대에는 다른 유명한 소피스트(Sophist)들도 활동하고 있었습니다. 소피스트는 원래 지혜로운 사람이라는 의미이지만 오늘날에는 궤변론자라고 비하하여 부르기도 합니다. 왜냐하면 뛰어난 언변을 사용해 타인을 설득하는 기술을 돈을 받고 가르쳤기 때문입니다. 그러나 자연철학에서 벗어나 인간 문제를 철학적 주제로 다룬 점은 오늘날에도 큰 의미를 지니고 있습니다. 대표적인 소피스트로는 프로타고라스, 고르기아스, 트라시마코스 등이 있습니다.

소피스트 중에서 가장 유명한 프로타고라스는 "인간이 만물의 척도"라고 주장하였습니다. 이 말은 각 개개인이 판단한 것이 바로 그에게는 진리가 된다는 주장입니다. 소피스트들은 이성보다 감각 경험을 중시했기 때문에 각 개인의 감각 경험을 진리 판단의 기준으로 삼았습니다. 이 말은 한국의 5월 날씨가 재민이에게는 덥게 느껴지고, 해민이에게는 선선하게 느껴진다면 그것은 재민이에게는 더운 것이 진리가 되고, 해민이에게는 선선한 것이 진리가 된다는 것입니다.

만약 프로타고라스의 주장을 그대로 수용한다면 개인적 경험을 초월한 보편적 진리는 존재하지 않고 상대적 진리만 존재하게 됩니다. 게다가 프로타고라스의 말이 옳다면 우리는 굳이 보편적 진리를 탐구하기 위해 자신의 삶을 반성하거나 성찰하며 살아갈 필요가 없습니다. 오히려 자신이 옳다고 주장하기 위해 화려한 말을 꾸며내는 수사학을 배우는 것이 성공의 지름길이 될 것입니다.

프로타고라스가 강조한 감각 경험은 각 개개인이 다르게 느끼는 주관적인 것이기 때문에 감각 경험을 기준으로 진리를 탐구하다 보면 보편적 진리에 도달할 수 없습니다. 예를 들어 어떤 음식이 제일 맛있는지, 누가 제일 예쁜지, 누가 가장 멋있는지, 무슨 색이 가장 좋은지와 같은 문제는 모두 감각 경험을 기준으로 판단하는 주관적인 문제들이므로 보편적 합의에 도달할 수 없습니다. 연예인 중에 누가 예쁘냐를 주제로 토론을 한다면 우리는 몇 날 며칠을 밤새고 토론한다고 해도 보편적 합의에 도달할 수 없습니다. 왜냐하면 각자가 자신이 예쁘다고 생각하는 연예인이 정답이기 때문입니다. 물론 예쁜 연예인이 없다고 생각한다면 그것도 그 사람에게는 참이 됩니다.

프로타고라스의 상대주의적 관점이 보다 심화된 고르기아스 같은 경우 존재하는 것은 없으며, 만약에 있다고 하더라도 알 수 없고, 안다고 해도 타인들에게 그것을 전달할 수 없다는 회의주의 사상을 전개하였습니다. 회의(懷疑)란 의심을 품는다는 뜻으로, 회의주의 사상가들은 보편적 진리의 존재 자체에 의심을 품었습니다. 회의주의에 빠지게 되면 우리는 진리라는 것을 찾을 이유가 없게 됩니다.

마지막으로 트라시마코스는 정의는 강자의 이익이라고 주장하였습니다. 그는 세상에는 힘과 권력이 있는 사람과 힘없는 피치자가 있는데, 힘과 권력이 있는 사람들에게 이익이 되는 것이 결국 정의라고 주장하였습니다. 이러한 주장은 소피스트가 어떤 생각을 가지고 있는지 잘 보여줍니다. 소피스트들은 돈, 명예, 권력과 같은 세속적인 가치를 중시했던 것입니다. 이 주장을 인정하면 진리라는 것도 강자가 바뀔 때마다 그들의 입맛에 맞게 계속해서 변할 수밖에 없습니다. 인류의 역사를 살펴보면 권력자들이 자신의 이익이 정의인 양 선량한 국민들을 괴롭히고 호도했던 것도 물론 사실입니다. 그러나 오늘날과 같은 민주주의 사회에서 정의가 강자의 이익이라는 주장을 인정한다면 민주주의라는 정치 제도나 법률은 아무짝에도 쓸모없는 것이 될 것입니다.

이처럼 소피스트들은 누구나 참이라고 인정하는 보편적 진리의 존재를 부정하는 상대적 진리관을 강하게 주장하였습니다. 이러한 사상에 반대하고 이성을 강조하며, 보편적 진리의 존재를 주장한 철학자가 바로 소크라테스입니다. 그렇다고 소크라테스의 주장만 맞고 소피스트의 주장은 의미 없다고 할 수는 없습니다. 오늘날과 같은 지구촌 시대에 우리는 국경을 넘어 많은 사람을 만나고 있습니다. 서로 다른 주장과 문화적 배경을 가지고 서로 교류하는 현재의 상황에서는 서로의 다름을 인정하고 각 개인과 나라의 문화를 상대적 관점에서 바라볼 필요도 있습니다.

우리의 문화는 옳고 다른 나라의 문화는 야만적이고 저속하다는 생각은 옳지 않습니다. 어떤 민족은 손으로 밥을 먹을 수도 있고, 어떤 민족은 포크로 밥을 먹을 수도 있고, 한국인처럼 숟가락으로 밥을 먹을 수도 있습니다. 이 중 어떤 것은 옳고 어떤 것은 야만적이라고 평가하는 것은 아무 의미도 없습니다. 관용의 마음으로 서로 다른 문화의 가치를 인정해주는 문화 상대주의적 관점을 갖는 것이 바람직합니다.

서울에서 개최된 88올림픽 전후에 우리나라에서는 개고기 식용 논쟁이 뜨겁게 진행된 적이 있습니다. 요즘도 여름철이 되면 개고기 식용 문제가 대두되곤 하지만 88올림픽 때는 동물운동가였던 프랑스의 유명한 여배우가 우리나라의 개고기 식용 문제를 지적해 큰 논쟁이 일어났습니다. 그 당시 우리나라 사람들도 가만있지 않았습니다. 프랑스 사람들은 달팽이를 먹지 않느냐며 열변을 토했던 기억이 납니다.

사실 문화 상대주의적 관점에서 보면 이러한 대응은 바람직하지 않습니다. 서로의 음식문화를 인정하지 못하는 태도 자체를 비판했어야 수준 높은 논쟁이 진행될 수 있었을 것입니다.

그러나 지나친 상대주의적 관점에 빠지면 어떤 문화도 비판할 수 없게 됩니다. 만약 어떤 민족이 여성은 밖에 나가지 말아야 하며 외출을 금지하기 위해 집에 감금해놓는다고 가정해봅시다. 물론 이렇게 심한 행동을 하는 민족은 없을 것입니다. 이러한 경우도 우리는 상대방의 문화를 그대로 인정해야 할까요? 이 경우를 문화 상대주의적 관점으로 이해하는 것이 바람직하지 않습니다. 그렇다면 어떠한 경우에 문화 상대주의를 넘어 상대방을 비판할 수 있는 것일까요?

문화 이해의 태도

구분	
문화 상대주의	한 사회의 문화를 그 사회의 특수한 자연환경과 사회적 상황 등을 고려하여 이해하고 존중하려는 태도
자문화 중심주의	자신의 문화를 가장 우수하다고 여기며, 다른 문화를 열등하거나 미개하다고 여기는 태도 예) 중국의 중화사상, 탈레반 정권의 바미안 불상 파괴, 미국의 인디언 고유문화 말살 정책 등
문화 사대주의	다른 사회의 문화는 우수한 것으로 여기고, 자신의 문화는 열등하다고 여기는 태도 예) 외국 상품은 무조건 선호하는 태도, 조선 시대의 사대주의 등

세상에는 상대주의적 관점만 필요한 것이 아니라 때로는 보편적인 진리도 필요합니다. 앞에서 예를 든 것처럼 여성의 인권을 심하게

억압하는 문화가 있다면 인류 보편적 가치인 인권을 근거로 들어서 비판할 수도 있어야 하기 때문입니다. 우리는 문화의 차이를 근거로 다른 문화를 차별해서는 안 되지만 인권, 자유, 인간 존엄성과 같은 인류의 보편적 가치를 무시하는 문화까지 인정할 필요는 없습니다. 과거 인도에서는 '사티'라는 풍습이 있었습니다. 사티는 남편이 죽으면 아내도 따라 화장시키는 악습입니다. 이와 같이 여성의 인권을 탄압하는 풍습을 비판하기 위해서는 보편적 진리에 대한 탐구가 반드시 필요합니다.

소피스트처럼 인간이 지켜야 할 도덕 문제도 각 개인이 생각하는 것이 선이라고 주장한다면 우리 사회에서 누구나 보편적으로 따라야 할 규범은 존재할 수 없게 됩니다. 보편적 진리라는 것이 존재하지 않는다면 어떤 행동이 선이고 어떤 행동인 악인지 통일된 평가를 할 수 없게 됩니다. 따라서 소크라테스는 감각 경험이 아니라 이성을 토대로 보편적 진리를 탐구해야 한다고 주장하였습니다.

이성은 인간라면 누구나 선천적으로 지니고 있는 것으로 보편적 진리를 발견할 수 있게 도와줍니다. 예컨대 이성을 통해서 1 + 1을 계산해봅시다. 한국에서도 미국이나 중국에서도, 100년 전에도 그리고 오늘날에도 1 + 1 = 2라는 보편적인 결론에 도달하게 됩니다. 감각 경험에 의존한 경우와는 달리 보편적인 진리를 발견할 수 있게 도와주는 것이 바로 이성의 역할입니다.

서양철학에는 이성을 중시하는 경향과 감각 경험을 중시하는 두 가지 흐름이 있는데, 이성을 중시한 경향의 선구자가 바로 소크라테스입니다. 소크라테스나 소피스트 이전에는 자연철학이라고 해서 인간 문제를 철학의 핵심 주제로 삼은 것이 아니라 자연이 무엇으로 구성되어 있는지를 주요 과제로 탐구했었습니다. 최초의 철학자로 알려진 탈레스(Thales)는 대표적인 자연철학자로, 자연은 물로 구성되어 있다고 주장하였습니다. 소크라테스는 종전의 자연철학적 경향에서 탈피하여 인간 문제에 대해 탐구하였습니다. 이는 소피스트들도 마찬가지이지만 세속적 가치를 중시한 소피스트와 달리 인간의 영혼의 상태를 가꾸는 일에 철학적 관심을 집중한 것이 큰 차이점입니다.

덕, 지식, 행복

오늘날 많은 사람들은 자신의 겉모습, 자가용 등 외적인 것을 통해 자신을 꾸미려고 노력합니다. 미용을 위한 성형 수술에 엄청난 돈과 정성을 쏟고, 다른 사람보다 주름이 많아 한 살이라도 더 나이 들어 보이는 것에 큰 스트레스를 받으며, 예쁘고 멋진 옷을 입기 위해 많은 시간을 투자해 쇼핑을 하고, 좋은 차를 타고 다니기 위해 큰돈을 과감하게 투자합니다. 그러나 소크라테스는 그러한 일보다 훨씬 더 중요한 일이 있다고 주장합니다. 그는 화려한 겉모습이 아니라 우리 자신의 영혼을 최선의 상태로 가꾸는 일에 관심을 갖고 노력해야 한다고 역설합니다. 왜냐하면 우리는 이러한 노력을 통해서 진정한 행복에 도달할 수 있기 때문입니다.

소크라테스는 인간의 영혼이 지식과 덕을 지닌다면 행복에 도달할 수 있다고 보았습니다. 여기서 지식이란 단순 지식이 아닌 영혼의 수련을 통해 얻은 진정한 깨달음을 의미합니다. 소크라테스는 알면 행한다는 지행합일설을 주장하였습니다. 만약에 우리가 어떤 것을 알면서도 실천하지 않았다면 그것은 제대로 안 것이 아니며, 다시 말해 참된 지혜를 갖춘 것이 아닙니다.

우리는 확실하게 손해 볼 것을 알면서 손해되는 행동을 하지는 않습니다. 반대로 우리에게 확실한 이익이 된다는 것을 알면 당연히 그 행동을 실천하게 됩니다. 게다가 지금 알고 있는 것보다 더 큰 이익이 되는 방법을 알게 된다면 기존의 방법을 과감하게 버리고 더 나은 방법을 따르게 됩니다. 이러한 의미에서 소크라테스는 지행합일을 주장한 것입니다.

예를 들어 술과 담배는 건강에 나쁘고, 규칙적인 운동과 밥을 적게 먹는 소식이 건강에 좋다는 것은 누구나 잘 알고 있습니다. 건강이 악화되어 병원에 가면 의사들에게 꼭 듣는 말이기도 합니다. 하지만 이 중에서 하나도 실천하지 않고 있다면 과연 안다고 말할 수 있을까요? 소크라테스는 머리로만 아는 것을 참된 지식을 지닌 것으로 인정하지 않았습니다.

안타깝게도 우리는 건강이 크게 악화되어 병원에 입원하게 된 후에라야 큰 깨달음을 얻고 술, 담배를 끊고, 규칙적인 운동과 소식을 실천하게 됩니다. 이때 비로소 진정으로 안다고 말할 수 있을 것입니다. 물론 병원에 입원하는 최악의 상황이 오기 전에 미리 깨닫고 행동하는 것이 현명하고 행복한 사람입니다. 이를 위해 이성적인 삶을 살아야 하며, 진리에 대해 탐구하고 성찰하는 자세가 필요한 것입니다.

소크라테스는 모든 악행의 원인을 무지 때문이라고 생각했습니다. 다시 말해 잘 모르기 때문에 악을 행하게 된다는 것입니다. 역설적이기는 하지만 이 말은 모든 악행이 고의로 저질러진 것이 아니라는 뜻입니다. 어린 아이들은 잘못을 저지르면 잘 몰랐다고 이야기하곤 합니다. 우리는 이 경우 아이들을 혼내기보다는 같은 잘못을 반복하지 않도록 잘 가르치려고 할 것입니다. 그렇다면 잘 몰라서 악을 행한 사람들은 어떻게 해야 할까요? 모르고 한 행동을 혼내기만 한다면 그것은 무의미합니다. 당연히 무지를 자각시켜야 하며, 참된 지식을 갖도록 해야 합니다.

선한 행동이 무엇인지 모르는 사람은 자발적으로 선한 행동을 할 수 없습니다. 거꾸로 선이 무엇인지 제대로 안다면 악한 행동을 하지 않을 것입니다. 그런데 여기서 의문이 하나 생깁니다. 정말 모든 악행의 원인은 무지가 맞을까요? 앞서 언급했듯이 술이나 담배를 끊지 못하는 사람들은 아직 술, 담배가 몸에 나쁘다는 것을 제대로 깨닫지 못했기 때문에 무지하다고 할 수 있습니다. 이러한 의미에서 소크라테스는 모든 악의 원인은 무지라고 주장하는 것입니다.

그렇다면 덕(Arete)은 무엇일까요? 소크라테스는 결국 덕은 하나라고 주장하였습니다. 우리가 아는 덕은 분명 한 가지가 아닌데, 왜 하나라고 주장한 것일까요? 덕은 분명 다양하게 존재하지만 모든 덕의 본질은 같으며, 그것이 바로 지식이라는 주장입니다. 다시 말해 덕이라는 것이 제대로 된 지식과 결합하지 않는다면 진정한 덕이라고 할 수 없다는 주장으로 이해할 수 있습니다.

소크라테스는 덕이 곧 지식임을 설명하기 위해 훌륭한 제화공이란 어떤 사람이냐고 묻습니다. 참고로 고대 그리스에서 덕이란 훌륭함, 탁월함을 의미하는 말입니다. 훌륭한 제화공이란 당연히 구두를 훌륭하게 만드는 사람입니다. 그렇다면 훌륭한 구두를 만들기 위해 필요한 것은 무엇일까요? 훌륭한 구두를 만들기 위해서는 우선 훌륭한 구두의 특성과 기능이 무엇인지 알아야 할 것이고, 훌륭한 구두를 만들기 위한 방법 또한 알아야 합니다. 반대로 훌륭한 구두가 무엇인지에 대한 지식이 없다면 당연히 훌륭한 구두를 만들 수 없어서 훌륭한 제화공이 될 수 없습니다. 이러한 이유로 칭찬받을 만한 훌륭한 제화공으로서 지녀야 할 것은 바로 지식이라고 주장하는 것입니다.

이처럼 소크라테스는 덕은 지식이라고 주장하면서, 덕과 지식이 행복으로 연결된다고 하였습니다. 예를 들어, 절제의 덕을 생각해봅시다. 어떤 사람이 다이어트를 위해 음식을 절제하기로 굳게 마음먹었습니다. 절제에 대한 올바른 지식이 있는 사람은 자신의 건강을 해치지 않는 선에서 계획적으로 다이어트를 진행할 것입니다. 이러한 사람은 결국 다이어트에 성공해서 자신이 원하는 몸무게에 도달할 것이고 건강도 좋아져 행복을 느끼게 됩니다.

반면 절제에 대해 올바른 지식이 없는 사람은 무조건적으로 굶는 것이 절제라고 생각해서 일주일 간 무리해 굶기만 할 수 있습니다. 이처럼 절제에 대한 올바른 지식도 없이 굶기만 하면 건강이 극도로 악화되어 영양실조에 걸리거나 최악의 경우에는 목숨을 잃을 수도 있습니다. 지식이 없는 덕의 실천은 결국 불행을 초래합니다.

덕 + 지식 = 행복

절제 + 지식 = 다이어트 성공 → 행복

절제 + 무지 = 건강 악화 → 불행

다시 한번 용기의 경우를 생각해봅시다. 우리는 용기가 무엇인지 잘 안다고 생각하지만 사실은 용기가 무엇인지 대답하기란 그렇게 쉬운 문제는 아닙니다. 만약 용기가 어른한테 대드는 것이라고 생각한다면 이는 용기와 지식이 결합되어 있지 않은 경우라 할 수 있습니다. 한 중학생이 교사에게 아무 이유도 없이 대들고 다른 급우들 앞에서 나는 진정한 용기를 지녔다고 자랑했다고 합시다. 아마도 그 학생은 교사에게 크게 혼나게 될 것입니다. 하지만 어떤 소방관이 자신의 전문적 지식을 발휘해 화재 현장에서 불속에 뛰어들어 무사히 사람을 구출했다고 생각해봅시다. 이 경우는 용기와 지식이 결합되어 있었기 때문에 유익한 결과를 얻게 된 것입니다.

소크라테스는 결국 덕이라는 것은 지식과 결합되어야만 좋은 결과를 초래한다고 보았습니다. 그러므로 지식이 결여된 덕은 소크라테스가 주장한 덕이라고 할 수 없습니다. 그는 덕이 지식과 결합되었을 때에는 우리에게 유익한 결과를 가져오지만, 반대로 덕이 무지와 결합되었을 때는 오히려 해를 입힌다고 주장하였습니다. 따라서 진정한 의미에서 덕이라고 말할 수 있으려면 덕과 지식이 긴밀하게 결합되어 있어야 하며, 그런 의미에서 지식은 덕의 본질적 요소라 할 수 있습니다. 따라서 전체적으로 보았을 때 덕과 지식은 하나라고 할 수 있습니다.

나아가 덕과 지식이 결합되었을 때에는 항상 유익하고 복된 결과를 가져오므로 덕과 지식과 행복은 서로 불가분의 관계에 있음을 알 수 있습니다. 사실상 소크라테스 철학에 있어서 지식과 덕과 행복은 하나라고 할 수 있습니다. 그래서 소크라테스의 학설을 '지덕복합일설'이라고 부르는 것입니다.

결국 행복한 삶을 위해서는 우리 영혼의 상태를 최선의 상태로 만들기 위한 노력을 기울여야 합니다. 소크라테스는 우리의 영혼을 세속적인 성공과 부와 같이 쓸모없는 것들로 가득 채우지 말고 영혼 자체를 위한 것으로 장식할 것을 당부하였습니다.

그는 영혼은 죽지 않고 영원히 지속된다고 보았습니다. 금방 사라질 육체가 아니라 영혼을 최선의 상태로 가꾸는 방법은 바로 덕과 지식을 쌓는 것입니다. 이를 위해서는 평생 성찰하고 반성하는 삶을 통해 자신의 무지를 자각하고 이성을 발휘해 참된 지식을 쌓으려는 노력을 실천해야 합니다. 이렇게 해서 덕과 지식을 쌓을 때만이 인간은 자신에게 진정으로 이로운 결과를 초래하는 것만을 행하게 되어 참된 행복에 도달할 수 있게 됩니다.

02
아리스토텔레스의 행복론

궁극적 목적의 필요성과 명칭

아리스토텔레스(Aristoteles, B.C. 384~322)는 그리스의 스타케이라에서 태어났습니다. 왕실의 의사였던 아버지를 두었기 때문에 어린 시절 높은 수준의 교육을 받고 자랐습니다. 그러나 아버지가 일찍 죽는 바람에 후견인에 의해 길러지다가 18세에 플라톤의 아카데미아에 입학하게 됩니다. 플라톤이 죽고 아리스토텔레스는 아카데미아의 새 원장이 되지 못하자 그곳을 떠나 리케이온(Lykeion)이라는 학원을 신설하였습니다. 그곳에서 그는 철학뿐만 아니라 자연과학, 의학, 정치학, 논리학, 윤리학 등 다양한 분야의 연구를 진행하고, 제자들을 육성하면서 살았습니다.

아리스토텔레스의 행복론은 인간이 어떤 행위를 할 때 항상 목적을 지니고 있다는 목적론적 사고를 바탕으로 전개됩니다. 아리스토텔레스의 대표적 저서 『니코마코스 윤리학』은 인간의 모든 행위와 선택이 좋음(Agathon, 善)이라는 목적을 추구한다는 주장으로 시작됩니다. 실제로 아픈 사람은 병의 치료라는 좋은 목적을 위해 병원에 가고, 학생은 대학 진학이라는 좋은 목적을 달성하기 위해 공부를 합니다. 공부를 하고, 직장에 가고, 여행을 떠나는 우리의 모든 행동은 언제나 좋음, 즉 선을 목적으로 추구하며 살아가는 것이지 그 반대인 나쁨을 추구하지는 않습니다.

『니코마스윤리학』 아리스토텔레스

그런데 아리스토텔레스는 인간이 추구하는 다양한 선, 즉 목적에도 위계가 있다고 생각했습니다. 예를 들면 학생들이 공부하는 궁극적 목적이 대학 진학 그 자체는 아닐 것입니다. 왜냐하면 대학 진학은 더 나은 직업을 얻기 위한 수단적 의미를 지니기 때문입니다. 또한 직업도 그 자체로 의미가 있는 것이 아니라 편안한 삶, 아니면 경제적 만족 등 더 상위 가치를 달성하기 위한 수단적 의미를 갖습니다. 그래서 아리스토텔레스는 어떤 행위의 목적이 다른 목적의 달성을 위해서가 아니라 그 자체로 바라는 것이라야 최고의 좋음, 즉 최고선이라고 주장하였습니다.

행복 – 최고선

↑

편안한 삶 – 선

↑

좋은 직업 – 선

↑

좋은 대학 – 선

↑

좋은 성적 – 선

↑

공부 – 선

인간이 살면서 목적을 갖고 사는 것은 어떤 의미가 있을까요? 아리스토텔레스는 인간이 훌륭한 삶을 살기 위해서는 어떤 하나의 궁극적인 목표를 설정해야 한다고 보았습니다. 왜냐하면 궁극적 목적이 존재하지 않는다면 특정한 목적을 이루기 위해 행하는 수많은 행위가 공허하고 무의미한 것이 될 수 있기 때문입니다. 반면에 궁극적인 목적이 존재한다면 지금 자신이 하는 행위가 갖는 의미를 찾을 수 있고 이 목적, 저 목적을 찾아 방황하지 않을 수 있게 됩니다.

우리는 아이들에게 미래의 꿈이 뭐냐고 물어보면서 야망을 가지라고 합니다. 이 질문은 인생의 목적을 무엇으로 설정했냐고 묻는 것입니다. 만약 그 꿈이 대통령, 변호사, 검사, 의사, 교사와 같은 것이라면 처음에는 이 꿈을 위해 열심히 노력하다가 중학생, 고등학생이 되는 과정에서 자신의 성적으로는 이 꿈을 이룰 수 없음을 알게 되고 극심한 좌절감을 겪게 됩니다. 어떤 학생은 꿈을 버리고 다른 꿈을 설정하기도 하겠지만 어떤 학생은 공부를 접을 수도 있겠지요. 왜냐하면 지금까지 해왔던 자신의 공부와 노력이 갖는 의미를 상실하게 되어 삶의 원동력을 잃었기 때문일 것입니다. 그러나 삶의 목적이 행복이라면 자신이 지금 하고 있는 모든 활동이 궁극적으로 행복을 위한 것이므로 삶의 의미를 잃지 않게 되고, 어떠한 상황에서도 열심히 살 수 있을 것입니다.

아리스토텔레스가 주장하는 인간의 궁극적 목적, 최고선의 명칭은 무엇일까요? 그것은 바로 '행복'입니다. 그는 모든 좋음 중에서 최고의 좋음을 행복이라고 부르는 것에 대해서는 철학자가 아니더라도 대부분 동의할 것이라고 생각했습니다. 다른 목적, 예컨대 좋은 대학을 진학하고자 하는 학생에게 왜 좋은 대학에 진학하기를 원하냐고 묻는다면 좋은 직업을 얻기 위해서라고 답변할 것입니다. 하지만 왜 행복을 원하냐고 묻는다면 답변할 내용을 찾을 수 없을 것입니다. 왜냐하면 행복은 다른 것을 위한 수단이 아니라 그 자체가 목적이기 때문입니다. 물론 최고선, 즉 행복의 구체적인 내용까지 보편적 합의에 도달하기는 어려울 것입니다. 그래서 아리스토텔레스는 지금까지 행복이라고 잘못 알려져온 행복의 의미에 대해 하나씩 비판해나갑니다.

잘못 정의된 행복

아리스토텔레스는 행복이 무엇인지에 대해 일반 대중들과 지혜로운 사람들의 생각은 다르다고 주장하면서 지금까지 대중들에게 행복의 의미로 잘못 통용되어온 쾌락, 명예, 부(富)에 대해 논리적 근거를 들어 하나씩 비판합니다. 이를 위해 그는 삶의 방식을 세 가지로 구분하는데, 그 세 가지 삶의 방식이란 쾌락과 만족을 추구하는 삶, 명예를 추구하는 정치적인 삶, 철학에 헌신하는 관조적인 삶입니다.

첫 번째로 아리스토텔레스는 쾌락을 행복으로 간주하고 추구해나가는 삶의 방식에 대해 반대 입장을 분명히 표현합니다. 그는 쾌락을 추구하는 삶은 짐승들이나 추구하는 삶을 선택함으로써 노예와 같음을 보여주는 것이라고 강하게 비판합니다. 만약 인간의 행복이 단지 쾌락의 충족과 같은 말이라면 인간의 삶이나 동물의 삶이나 다를 바가 없을 것입니다.

두 번째로 아리스토텔레스는 명예를 추구하는 정치적 삶 또한 행복한 삶이 될 수 없다고 주장합니다. 그는 진정한 행복의 내용이 되려면 자기 자신과 쉽게 분리될 수 없는 성질을 지녀야 한다고 보았습니다. 그런데 명예는 자기가 직접 선택하여 주체적으로 자기 자신에게 부여하는 것이 아니라 명예를 부여하는 사람에게 의존할 수밖에 없는 수동적인 것이기 때문에 행복의 내용이 될 수 없다는 것입니다.

게다가 더 큰 문제는 명예가 그 자체로 추구되는 최상의 목적이 아니라는 점입니다. 아리스토텔레스가 보기에 명예를 부여받는 이유는 탁월성을 지니고 있기 때문에 남들이 그것을 인정해줌으로써 생겨나는 것입니다. 즉, 명예는 자신이 탁월성을 지닌 좋은 사람이라는 확신을 얻기 위한 하나의 수단으로 추구되는 것이기 때문에 궁극적 목적이 될 수 없는 것입니다.

세 번째로 아리스토텔레스는 부를 목적으로 추구하는 삶도 우리가 추구할 만한 좋은 삶이 아니라고 단언합니다. 왜냐하면 돈은 언제나 자신이 원하는 것을 얻기 위한 수단이지, 돈만 쌓아 놓고 있다고 해서 그 자체로 행복을 누릴 수는 없기 때문입니다. 이처럼 돈은 그 자체가 목적이 될 수 없으므로 부를 추구하는 삶 또한 행복한 삶이 될 수 없습니다. 부는 현대 자본주의 사회에서 많은 사람들이 추구하는 목적임에도 불구하고 아리스토텔레스는 길게 말할 가치도 없이 궁극적 목적이 아니라고 역설합니다.

이처럼 아리스토텔레스는 쾌락, 명예, 부와 같이 일반적으로 통용되는 행복의 의미에 대해 모두 행복의 내용으로서 자격이 없다고 결론짓습니다. 여기서 한 걸음 더 나아가 아리스토텔레스는 그의 스승 플라톤이 주장한 '좋음(善)의 이데아' 또한 행복의 내용으로 부적절하다고 주장하였습니다. 그는 선의 이데아가 개념적으로 아무리 완벽할지라도 인간이 현실에서 목표로 삼아 성취할 수 없는 것이라면 인간이 행복한 삶을 살아가는 데 아무런 도움이 되지 않는다고 보았습니다. 이러한 논의를 통해 이데아의 세계를 전제하는 플라톤의 이상주의적 입장과 달리 아리스토텔레스는 현실적 실현 가능성을 중시하는 현실주의에 토대를 두고 있음을 알 수 있습니다.

행복이 갖추어야 할 조건

아리스토텔레스는 행복의 내용이 되기 위한 두 가지 조건을 제시합니다. 첫 번째로 행복은 완전성을 지녀야 합니다. 그는 행복은 다양한 목적 중 최고의 목적이므로 당연히 완전성을 지녀야 하며, 완전한 것이 많이 있다면 그중에서도 가장 완전한 것이어야 한다고 보았습니다. 완전성이란 항상 다른 목적을 위한 수단으로서가 아니라 그 자체 때문에 선택될 때 충족되는 것을 의미합니다. 예컨대 피리는 피리 자체가 목적이 아니라 좋은 연주를 위한 수단에 불과합니다. 이처럼 피리가 좋은 연주를 위한 수단이라면 피리를 그 자체로 완전하다고 볼 수 없습니다. 행복이 완전성을 갖추어야 한다는 것은 행복이 궁극 목적이므로 수단적 목적 때문이 아니라 그 자체로 선택되어야 하는 것임을 강조한 것입니다.

두 번째 행복이 갖추어야 할 조건은 자족성입니다. 아리스토텔레스는 인간을 사회적 동물로 규정하고 최고선인 행복은 자족성을 지니기 때문에 공동체 생활을 함에 있어 더 이상 다른 좋음이 추가될 필요가 없는 상태라고 보았습니다. 만약 완전하지 않은 좋음이 있다면 불완전한 부분에 또 다른 좋음이 보완되면 될수록 더 완전해질 것입니다. 그러나 행복은 완전한 좋음이어야 하기 때문에 또 다른 좋음이 더 이상 필요하지 않아야 합니다. 따라서 완전성뿐만 아니라 자족성을 지녀야 한다고 주장한 것입니다.

이와 같이 아리스토텔레스는 최종 목적인 행복이 완전성과 자족성을 충족시켜야 한다는 조건을 명확히 밝히고 있습니다. 최종 목적은 다른 목적을 위해서가 아니라 오직 그것을 위해 선택되는 것으로, 다른 좋음을 필요로 하는 것이 아닙니다. 그렇기 때문에 앞서 살펴보았듯이 부, 명예, 쾌락을 추구하는 삶이 최종 목적인 행복의 본질적인 내용이 될 수 없는 것입니다. 왜냐하면 부, 명예, 쾌락이 삶에서 부분적 만족을 가져올 수는 있겠지만 완전성과 자족성의 개념을 충족시킬 수 없기 때문입니다.

행복의 의미

부, 명예, 쾌락이 행복을 가져다줄 수 없다면 무엇이 행복을 가져다줄까요? 아리스토텔레스는 진정한 행복이란 어떤 것인지 밝히기 위해 인간만이 지니는 고유한 기능이 무엇인지 탐구합니다. 왜냐하면 그는 일반적으로 '좋음[善]'은 고유한 기능 안에 있기 때문에 인간의 기능(Ergon), 즉 인간만이 할 수 있는 고유한 활동이 무엇인지 파악한다면 최고선을 찾아낼 수 있다고 가정했기 때문입니다.

예를 들면 좋은 칼이란 좋은 칼을 소유한 사람을 의미하는 것이 아니라 칼의 고유 기능인 잘 잘리는 기능이 탁월하게 발휘되는 칼을 의미합니다. 또한, 좋은 망원경이란 망원경의 고유 기능인 멀리 보는 기능이 탁월하게 잘 발휘되는 망원경을 의미합니다. 좋은 지우개란 지우개의 고유 기능인 잘 지워지는 기능이 탁월하게 발휘되는 지우개를 뜻합니다. 똑같은 논리로 좋은 인간, 또는 인간적인 좋음이란 바로 인간의 고유한 기능을 잘 발휘하는 사람을 의미합니다.

이러한 이유로 아리스토텔레스는 최고의 좋음인 행복을 정의하기 위해서 인간 고유의 기능이 무엇인지 고민하기 시작합니다. 먼저 인간 고유의 기능을 찾기 위해 동식물도 지니는 기능인 '영양 섭취 능력'이나 '생장 능력'과 같은 기능은 인간의 고유한 기능 후보에서 배제시킵니다. 또한 '감각 기능'도 인간과 동물이 공통적으로 지니고 있으므로 인간의 고유 기능이 아니라고 봅니다. 이러한 일련의 배제 과정을 거쳐 남게 된 인간 고유의 본질적인 기능은 무엇일까요? 바로 '이성

(Logos)에 따르는 영혼의 활동'입니다.

그렇다면 최고의 좋음인 행복은 어떻게 정의될 수 있을까요? 아리스토텔레스가 들었던 예를 들어보면, 모든 기타 연주자의 기능은 기타 연주이지만 그중에서도 훌륭한 기타 연주자라는 말을 들을 수 있는 사람은 기타 연주라는 기능을 탁월하게 발휘하는 사람일 것이며, 그러한 사람이 여러 명이라면 가장 탁월한 연주를 하는 사람이 가장 훌륭한 기타 연주자일 것입니다.

따라서 아리스토텔레스는 인간적인 좋음, 즉 행복을 '탁월성(덕)에 따르는 영혼의 활동'이라고 정의합니다. 여기서 탁월성, 즉 덕이란 인간 고유의 기능(이성에 따르는 영혼의 활동)을 탁월하게 발휘할 수 있는 품성 상태를 의미합니다. 결국 행복(Eudaimonia)은 인간 고유의 기능인 이성적 능력을 탁월하게 발휘하는 활동을 전 생애에 걸쳐 실천함으로써 인간으로서 성공적인 삶을 살아가는 것을 의미합니다.

정리하면 아리스토텔레스에게 행복은 궁극적 목적이자 최고선이기 때문에 다른 목적을 달성하기 위한 수단으로서가 아니라 그 자체로 추구되는 가장 바람직한 것입니다. 또한 행복은 현실에서 누구나 배움과 노력을 통해 성취할 수 있는 것이며, 자족성과 완전성을 지니기 때문에 보완될 필요가 없는 것입니다. 나아가 행복에 이르기 위해서는 인간 고유 기능인 이성을 탁월하게 발휘하는 삶, 즉 탁월성(덕)을 쌓고 실천하는 삶을 살아야 합니다.

지적인 탁월성(덕)과 품성적 탁월성(덕)

아리스토텔레스의 입장에 따르면 인간의 행복은 영혼에 있는 이성을 탁월하게 발휘하는 삶을 통해 성취됩니다. 그러므로 여기서 인간의 영혼과 이성의 기능에 대해 살펴볼 필요가 생깁니다. 인간의 영혼에는 그 자체로 이성적인 부분이 있고, 감정, 충동, 욕구와 관련된 부분도 있으며, 식물처럼 생장과 관련된 부분도 존재하므로 모든 부분이 이성으로만 이루어진 것은 아닙니다. 그래서 아리스토텔레스는 이성의 유무를 기준으로 영혼을 크게 두 부분으로 나누는데, 하나는 그 자체로 이성을 지닌 이성적인 부분이고, 다른 하나는 이성이 없는 비이성적인 부분입니다.

영혼 중 이성이 없는 비이성적인 부분은 또다시 두 가지로 분류됩니다. 하나는 욕구나 감정과 관련된 부분이고 다른 하나는 영양과 성장의 원인이 되는 식물적인 부분입니다. 그런데 아리스토텔레스는 욕구, 감정과 관련된 영혼은 이성을 가지고 있는 부분으로 간주할 수도 있다고 봅니다. 이 말은 욕구, 감정과 관련된 영혼이 그 자체로 이성을 지닌 것은 아니지만 그럼에도 불구하고 이성의 명령을 듣고 따를 수 있다는 점에서 이성적인 부분으로 분류할 수 있다는 말입니다. 따라서 영혼에서 이성의 기능을 발휘할 수 있는 부분은 두 부분이라 할 수 있습니다. 하나는 그 자체로 이성적인 부분이고, 또 다른 하나는 욕구, 감정과 관련되지만 이성의 명령을 따를 수 있는 부분입니다.

'이성에 따르는 영혼의 활동'을 탁월하게 발휘하는 것이 곧 행복이므로 영혼에서 이성적인 부분이 두 부분이라면 이 두 부분이 모두 탁월하게 발휘될 때 행복에 이를 수 있게 됩니다. 이성을 따르는 두 부분 중 그 자체로 이성적인 부분이 탁월하게 발휘됨으로써 얻을 수 있는 탁월성이 지적인 탁월성(덕)이고, 욕구와 충동과 관련된 영혼이 이성의 명령을 적절하게 잘 따를 때 형성될 수 있는 탁월성이 품성적 탁월성(덕)입니다. 따라서 행복에 이르기 위해서는 지적인 탁월성과 품성적 탁월성을 갖추고 꾸준히 실천하는 삶을 살아야 합니다.

인간의 영혼과 탁월성(덕)의 관계

구분		특징	탁월성(덕)과의 관련성
영혼	이성적인 부분	그 자체로 이성적	교육, 이론적 탐구 ↓ 지적인 탁월성(덕)
	감정, 욕구, 충동과 관련된 부분	이성의 명령(실천적 지혜)을 따를 경우에는 이성적이라고 할 수 있음	지속적인 습관화 ↓ 품성적 탁월성(덕)
	영양, 생장과 관련된 부분	비이성적	비이성적이므로 탁월성(덕)과 무관

여기서 잠시 탁월성(Arete)이라는 말을 살펴봅시다. 탁월성은 일반적으로는 덕이라고 번역되는데, 유교 문화권인 한국에서 덕은 주로 도덕성을 의미하는 말로 사용됩니다. 그러나 고대 그리스 철학에서 덕이 곧 인간만이 지니는 도덕성을 의미하는 것은 아닙니다. 예를 들어 변호사의 탁월성은 변호사의 고유 기능인 의뢰인을 변호하는 기능을 탁월하게 잘 하는 것을 의미합니다. 변호를 잘 하는 것은 좋은 변호사를 만들어 주는 특성이라 할 수 있을 것입니다.

다시 말해서 변호사의 탁월성, 즉 변호사의 덕이라는 것이 자신의 이익을 포기하고 무료로 변호해주는 군자와 같은 도덕적 품성을 의미하는 것은 아니라 변호를 잘하는 것입니다. 또한 덕은 인간에게만 쓸 수 있는 말도 아닙니다. 인간이 타고 다니는 말도 덕을 지닐 수 있습니다. 즉, 말의 덕이란 말의 기능인 달리기를 잘하는 것을 의미합니다. 따라서 덕 있는 사람, 즉 유덕자(有德者)란 인간 고유 기능(이성에 따르는 영혼의 활동)을 탁월하게 발휘할 수 있는 품성 상태를 갖춘 사람이라 할 수 있습니다.

아리스토텔레스는 지적인 탁월성은 그 기원과 성장을 주로 교육이나 이론적 탐구에 두고 있기 때문에 지적인 탁월성을 갖추기 위해서는 많은 경험과 시간이 필요하다고 보았습니다. 반면에 품성적 탁월성은 지속적인 습관화를 통해 형성된다고 주장하였습니다. 지적 탁월성뿐만 아니라 품성적 탁월성이 없으면 행복은 성취될 수 없습니다.

지적인 탁월성이 다양하게 제시된 이유는 우리의 이성이 한 가지 기능만 하는 것이 아니라 다양한 기능을 하고 있기 때문입니다. 아리스토텔레스는 이성의 기능을 중심으로 지적인 탁월성을 분류하고 그 기능이 탁월하게 발휘될 수 있는 품성 상태(Hexis)를 각각 학문적 인식(Episteme), 직관적 지성(Nous), 철학적 지혜(Sophia), 기술지(Techne), 실천적 지혜(Phronesis)로 구분하였습니다.

다음 표는 아리스토텔레스가 주장한 지적인 탁월성에 대한 그의 설명을 정의와 기능을 중심으로 요약한 것입니다.

지적인 탁월성(덕)의 종류와 정의

영혼	대상	덕	정의	기능
인식적 부분의 탁월성	다르게 될 수 없는 영원하고 필연적인 것	학문적 인식 (Episteme)	이성을 동반해 논증할 수 있는 품성 상태	수학적 논증과 같은 학문적 정리를 논증
		직관적 지성 (Nous)	논증의 원리 자체를 직관할 수 있는 품성 상태	원리 자체가 참임을 인식
		철학적 지혜 (Sophia)	본성상 가장 고귀한 것들에 관한 직관적 지성과 결부된 학문적 인식을 할 수 있는 품성 상태	신, 자연의 영원한 존재에 대한 진리 인식
숙고적 부분의 탁월성	다르게 될 수 있는 것	기술지 (Techne)	이성을 동반해 무엇인가를 제작할 수 있는 품성 상태	무엇인가 생겨나도록 궁구하고 고안함
		실천적 지혜 (Phronesis)	이성을 동반해 행위를 산출하는 참된 실천적 품성 상태	구체적 상황에서 최선의 행위를 하도록 함

예를 들어 신의 본질을 아는 데 사용되는 이성과 수학적 논증을 할 때 사용되는 이성이 다르기 때문에 각각의 경우에 맞게 이성이 탁월하게 발휘될 수 있는 품성 상태를 철학적 지혜, 학문적 인식이라고 명칭을 달리해 분류한 것입니다.

지적인 탁월성 중에서 우리가 주목해야 할 탁월성은 실천적 지혜입니다. 실천적 지혜는 품성적 탁월성이 형성되는 데 있어 반드시 요구되는 탁월성이기 때문입니다. 실천적 지혜를 갖춘 사람은 구체적인 상황에서 무엇이 자기 자신에게 좋고 유익한지 잘 숙고할 수 있습니다. 지적인 탁월성과 달리 품성적 탁월성이라는 것은 중용을 습관화했을 때 형성되는 덕입니다. 여기서 우리가 중용을 습관화하기 위해서는 먼저 중용의 상태를 알아야 하는데, 우리 영혼 중 감정과 욕구는 어떤 상태가 중용인지 스스로 파악할 수가 없습니다. 따라서 중용의 상태를 알려주는 이성의 역할이 요구되는데, 이러한 역할을 하는 탁월성이 바로 실천적 지혜입니다.

그렇다면 중용은 무엇일까요? 중용은 결코 산술적 중간을 의미하는 말이 아닙니다. 중용이란 어떤 구체적 상황에서 욕구나 감정이 과도하지도 부족하지도 않게 실천적 지혜에 의해 조절된 최적의 상태를 의미하는 말입니다. 즉, 마땅한 때에, 마땅한 일에 대해, 마땅한 대상에게, 마땅한 목적으로, 마땅한 방식으로 감정을 갖는 것이며, 아리스토텔레스는 이러한 최선의 상태를 중용이라고 부른 것입니다. 구체적인 상황에서 중용의 상태를 파악하는 일은 결코 쉬운 일이 아닙니다. 따라서 지적인 덕 중에서 구체적 상황에서 최선의 행위가 무엇인지 알려주는 실천적 지혜의 안내를 받아야 하는 것입니다.

품성적 탁월성은 결국 중용의 실천을 습관화함으로써 형성되므로 중용의 덕이라는 다른 말로 표현할 수 있습니다. 품성적 탁월성, 즉 중용의 덕을 두려움이라는 감정과 관련하여 예를 들어보면, 무모함은 두려움이 부족한 악덕이고, 비겁은 두려움이 과도한 악덕이며 이와 관련된 중용의 덕은 용기입니다. 또 쾌락과 관련해서는 그러한 감정이나 욕구가 부족한 악덕은 무감각이고 과도한 악덕은 방탕이며 이와 관련된 중용의 덕은 절제라고 할 수 있습니다. 또 명예와 관련해서 비굴함은 명예에 대한 감정이나 욕구가 부족한 악덕이고, 그것이 지나친 것은 오만이나 허세와 같은 악덕입니다. 그렇다면 중용은 무엇일까요? 바로 긍지를 갖는 것입니다.

아리스토텔레스가 제시한 중용의 덕 예시

관련된 감정(욕구)	부족함	중용	과도함
두려움	무모	용기	비겁
쾌락	무감각	절제	방탕(방종)
돈	인색	절약	낭비
명예	비굴	긍지	허세(허영)
분노	무기력	온화	성급함(성마름)

아리스토텔레스가 중용의 실천을 강조한 이유는 무엇일까요? 그는 우리의 감정과 욕구가 실천적 지혜의 안내를 받지 않는다면 악덕으로 연결될 수 있다고 본 것입니다. 감정이나 욕구가 너무 부족한 것도 문제가 될 수 있지만 반대로 감정과 욕구가 지나친 것도 행복한 삶을 사는 데 방해가 됩니다. 그렇다고 해서 행복한 삶을 위해 우리의 감정과 욕구 자체를 완전히 제거하려고 노력할 필요는 없습니다. 오히려 어떠한 상황에서도 감정과 욕구를 적절하게 발휘할 수 있도록 준비해야 합니다. 즉, 실천적 지혜(이성)의 안내에 따라 중용을 실천할 수 있는 의지를 습관화해야 하는 것입니다.

행복한 삶을 위해 실천적 지혜의 명령에 따라 한두 번 중용을 실천한 것만으로는 품성적 탁월성을 갖출 수 없으므로 지속적인 습관화가 필요합니다. 이는 한 마리의 제비가 왔다고 봄이 오지는 않는 것과 마찬가지입니다. 중용의 덕이 형성된다는 것은 마치 건축가가 집을 실제로 수차례 지어봄으로써 건축가가 되며, 기타 연주자가 기타 연주를 실제로 꾸준히 해봄으로써 기타 연주자가 되듯이 정의로운 일을 지속적으로 실천함으로써 정의로운 사람이 되며, 절제 있는 일을 꾸준히 행해야 절제 있는 사람이 되고, 용기 있는 일을 지속적으로 실천함으로써 용감한 사람이 될 수 있는 것과 같습니다.

이처럼 아리스토텔레스가 중용의 습관화를 강조한 또 다른 이유는 인간이 단지 무지 때문에만 악을 행하는 것이 아니고 보았기 때문입니다. 소크라테스는 인간의 모든 악행은 무지 때문이라고 주장한 바 있습니다. 그러나 아리스토텔레스는 인간이 악을 행하는 이유는 무지 때문일 수도 있지만 알면서도 의지가 나약하기 때문에 악을 행하기도 한다고 보았습니다. 실제로 학생 시절에 누구나 공부를 열심히 해야 하는 것을 다 알지만 모두 열심히 하는 것은 아닙니다. 그 이유는 지식이 실천으로 연결되기 위해서는 강한 의지가 있어야 하는데 인간은 생각보다 의지가 나약(Akrasia, 자제력 없음)하기 때문입니다.

나약한 의지를 보완해줄 수 있는 좋은 방법은 무엇일까요? 바로 좋은 습관을 갖는 것입니다. 따라서 아리스토텔레스는 나약한 의지를 보완할 수 있도록 중용의 습관화를 강조합니다. 이처럼 습관은 우리의 행복을 좌우할 수도 있는 중요한 것입니다.

외부적 선

아리스토텔레스가 탁월성의 발휘를 행복한 삶의 본질로 여기는 것에 대해서는 이견의 여지가 없습니다. 그렇다고 해서 탁월성의 발휘가 행복한 삶을 살 수 있는 충분조건이라고 주장하는 것은 아닙니다. 현실적으로 육체적 건강이나 어느 정도의 안정된 경제적 여건이 마련되어 있지 않다면 그러한 사람은 행복한 삶을 살기 어려울 것입니다. 왜냐하면 육체적 건강이 나빠져 병이 들거나 경제적 여건이 기본적인 의식주를 살 수 없을 정도로 최악의 상황이라면 탁월성(덕)을 발휘하는 행위를 실천하기 어렵기 때문입니다.

아리스토텔레스는 일정한 재산이 없다면 사람이 인색하고 욕심이 많은 사람이 되기 쉽지만 일정한 재산이 있다면 세속적 걱정과 욕심으로부터 자유로울 수 있어서 탁월성을 갖추는 데 더 유리하다고 보았습니다. 이처럼 재산과 같은 외부적 선은 부수적이기는 하지만 그것의 결여가 행복 추구에 필요한 다른 활동을 방해하지 않을 만큼은 갖추어져 있어야 합니다.

아리스토텔레스는 외부적 선 중에서 친구를 가장 중요한 요소로 보았습니다. 아리스토텔레스의 주장에 따르면, 친구 간 우정에는 세 가지 형태가 존재합니다. 그것은 이로움을 주기 때문에 서로 우정을 나누는 경우, 즐거움을 주기 때문에 우정을 나누는 경우, 탁월성(덕) 때문에 우정을 나누는 경우입니다. 아리스토텔레스는 탁월성(덕)을 지녔기 때문에 우정을 나누는 경우 이외에 다른 우정은 불완전한 우정으로 보았습니다. 왜냐하면 상대방이 어떤 탁월한 품성을 지녀서가 아니라 자신에게 이로움이나 즐거움을 주기 때문에 맺어진 친구관계는 이로움과 즐거움을 제공하지 못하게 되면 쉽게 깨지는 일시적인 관계이기 때문입니다.

반면에 완전한 우정은 좋은 사람들, 탁월성(덕)에 있어 유사한 사람들 사이에 갖는 것으로 서로 잘 되기를 바라는 순수한 마음을 지닙니다. 이는 현대에도 그대로 적용될 수 있는데, 다른 목적 없이 서로가 잘 되기를 바라는 마음으로 사귀는 친구가 진정한 친구일 것입니다. 이러한 우정은 그들이 좋은 사람인 한 지속되는 것이며, 탁월성은 금방 사라지는 것이 아니므로 친구관계가 쉽게 깨지지 않습니다. 하지만 이러한 우정을 갖기는 힘든데, 탁월성을 갖춘 사람이 많지 않기 때문입니다. 여기서 깨달을 수 있는 중요한 점은 진정한 친구를 갖기 위해서는 먼저 서로가 서로에게 우정을 나눌 만한 선한 사람이 되어야 하므로 자기부터 덕을 갖추기 위해 노력해야 한다는 점입니다.

요약하면, 행복에 이르기 위해서는 인간만이 지니는 고유한 기능인 이성의 능력을 탁월하게 발휘하는 삶을 살아야 합니다. 즉, 지적인 탁월성과 품성적 탁월성을 쌓고 이를 지속적으로 실천해야 합니다. 여기서 오해하지 말아야 할 것은 탁월성, 즉 덕을 지니고만 있다고 해서 행복한 것은 아닙니다. 아리스토텔레스는 탁월성을 실천하지 않고 평생 잠만 자는 사람은 오히려 불행해질 수 있다고 하면서 탁월성의 발휘를 강조한 바 있습니다.

또한 행복을 위해서는 육체적 선이나 외부적 선이 필요합니다. 하지만 육체적 선이나 외부적 선은 탁월성을 발휘하는 데 방해되지 않을 만큼이면 충분한 것이며 행복을 이루는 본질적인 요소라기보다는 부수적인 것입니다. 결국 아리스토텔레스가 주장하는 행복에 이르는 핵심은 바로 탁월성을 발휘하는 덕이 있는 삶을 사는 것입니다.

포괄론과 우월론

아리스토텔레스의 행복론과 관련해 학자들 간에는 두 가지 서로 다른 견해가 존재합니다. 지금까지 살펴본 이론은 포괄론(Inclusive Doctrine)의 관점에서 행복에 이르는 방법에 대해 논의한 것입니다. 또 다른 입장은 우월론(Dominant Doctrine)이라고 부릅니다. 아리스토텔레스는 『니코마코스 윤리학』 10권을 제외한 부분에서는 포괄론적 관점으로 행복을 설명하다가 책의 후반부인 10권에서 우월론적 관점으로 행복을 정의합니다. 이로 인해 행복에 이르는 관점에 대한 두 가지 대립된 견해가 생겨났습니다.

앞서 아리스토텔레스가 행복을 '탁월성에 따르는 영혼의 활동'으로 정의했음을 살펴보았습니다. 그런데 아리스토텔레스는 만약 탁월성이 여러 개라면 그중에서 최선의 그리고 가장 완전한(완벽한) 탁월성에 따르는 영혼의 활동이 행복이라고 주장합니다. 여기서 '완전한 또는 완벽한 탁월성'에 대한 해석이 우월론과 포괄론의 입장 차이를 만들어 내었습니다.

포괄론에서는 완전한 탁월성을 모든 탁월성을 포괄하는 의미로 이해합니다. 그래서 행복을 위해서는 지적인 탁월성과 품성적 탁월성

모두 요구된다고 주장합니다. 반면에 우월론에서는 가장 완벽한 탁월성 하나를 따르는 영혼의 활동이 행복이라고 주장합니다. 따라서 우월론에서는 지적인 탁월성 중에 가장 완벽한 탁월성인 '철학적 지혜'를 통해 이루어지는 관조 활동 속에 행복이 깃들어 있다고 주장합니다. 이는 아리스토텔레스가 이성의 기능 중에서도 관조를 할 수 있는 기능이 가장 고귀하고 신적인 기능이라고 생각했기 때문입니다. 이러한 주장에 따르면 가장 행복한 사람은 진리에 대한 관조를 가장 잘 할 수 있는 사람이므로 철학자가 가장 행복하다고 할 수 있습니다.

아리스토텔레스의 행복론과 관련해 두 가지 해석이 존재한다고 해서 반드시 하나만을 선택해야 하는 것은 아닐 것입니다. 만약 포괄론과 우월론 중 하나의 관점만 채택할 경우 아리스토텔레스가 직접 주장한 행복에 대한 입장 중 한 가지를 포기해야 하기 때문입니다. 그리고 많은 학자들은 이 두 관점을 모두 인정하기도 합니다. 따라서 행복으로 나아가는 길을 모색하는 과정에서 우월론과 포괄론 모두를 수용하는 것이 바람직하다고 할 수 있습니다. '철학적 지혜(sophia)'를 비롯한 지적인 탁월성뿐만 아니라, 다양한 품성적 탁월성들이 모두 행복에 기여함을 인정하고 우월론과 포괄론이 지니고 있는 교훈을 찾아보려는 자세가 바람직하다고 생각합니다.

고대 아리스토텔레스 이후 고대 헬레니즘 시대(Hellenistic Age)의 행복론 중에서 철학적 차원에서 중요하다고 여겨지는 행복론에 대해 살펴보고자 합니다. 헬레니즘 시대를 대표하는 철학으로는 스토아학파와 에피쿠로스학파를 들 수 있습니다. 이 두 학파 모두 철학의 중심 주제를 행복에 두었습니다. 오늘날 스토아학파의 철학은 금욕주의로 널리 알려져 있으며, 에피쿠로스학파의 철학은 쾌락주의로 불립니다. 여기서는 이 두 학파의 행복론에 대해 알아봄으로써 헬레니즘 시대의 행복론을 이해해보고자 합니다.

헬레니즘 시대의 사람들은 알렉산드로스 대왕과 그의 추종자들에 의해 야기된 전쟁과 혼란으로 인해 죽음과 가난과 같은 정신적 불안과 공포를 느끼고 있었습니다. 또한 고대 그리스인들은 수백 년 동안 안정적 토대를 제공받았던 도시국가(Polis) 체제가 붕괴됨으로써 제국의 신민으로 편입되는 경험을 하게 됩니다. 또한 제국의 영토가 크게 확장됨으로써 동방의 문명을 접하게 되고, 이로 인해 세계관의 대혼란을 겪게 됩니다.

이러한 사회적 혼란 속에서 헬레니즘 시대의 철학은 과거의 작은 공동체인 폴리스 체제에 적합했던 덕 윤리 중심의 철학에서 벗어나 새로운 성격의 철학이 등장하게 됩니다. 특히 사회적 혼란으로 인해 적극적으로 자신의 쾌락을 추구하는 철학이 아니라 마음의 안정과 평온을 행복으로 추구하는 경향이 강하게 나타나게 됩니다. 우리는 스토아학파와 에피쿠로스학파의 행복론을 통해 아무리 어려운 상황 속에서도 행복을 누릴 수 있는 방법에 대해 깨달음을 얻을 수 있을 것입니다.

2장
행복론의 철학사적 흐름: 헬레니즘 시대

01
스토아학파의 행복론

결정론적 세계관

스토아학파(Stoicism)의 창시자는 제논(Zenon, B.C. 333~261)으로 알려져 있습니다. 제논 이외에도 많은 스토아철학자들이 존재하는데, 스토아철학자에는 다양한 신분의 사람들이 있습니다. 가장 유명한 스토아철학자로는 에픽테토스(Epictetos, 60~138)와 아우렐리우스(Aurelius, 121~180)를 들 수 있습니다. 에픽테토스는 노예 출신이었다가 나중에 노예에서 해방된 사람이고, 아우렐리우스는 로마 황제였습니다. 이처럼 신분과 관계없이 스토아학파의 철학 사상을 주장하였습니다. 이밖에 스토아철학을 대표하는 철학자로는 클레안테스(Kleanthes), 크리시포스(Chrysippus), 세네카(Seneca) 등이 있습니다.

스토아학파의 철학은 범신론과 결정론적 세계관을 바탕으로 행복론을 전개하였습니다. 스토아철학자들은 자연 만물을 지배하고 움직

이는 보편적인 법칙이 있으며, 그러한 법칙이 바로 세계 이성이자 신의 이성의 원리인 로고스(Logos)라고 주장합니다. 여기서 스토아철학자들이 말하는 신이란 크리스트교와 같은 인격신의 개념이 아니라 자연 전체를 의미합니다. 자연을 곧 신으로 파악하는 관점을 범신론이라고 부릅니다.

스토아철학에서는 자연이 곧 신이라는 범신론을 토대로 인간의 본성을 이해하였습니다. 다시 말해 인간도 자연의 일부이기 때문에 자연이 자연법칙에 의해 운행되듯이 인간도 본성에 이성이 주어져 있고 이성의 법칙, 즉 신의 법칙에 의해 지배된다고 봅니다. 따라서 스토아철학자들은 신의 본성과 인간의 본성, 자연의 본성이 모두 이성으로 동일하다고 주장합니다. 또한 우리가 지닌 이성을 통해 자연의 법칙을 파악할 수 있다고 생각했습니다.

스토아학파는 우리들에게 벌어지고 있는 모든 일과 사건들이 우리가 태어나기 전, 즉 태초부터 이미 결정되어 있었던 일이라고 주장합니다. 자연에서 일어나는 모든 일은 자연법칙에 따라 정해진 순서대로 일어나고 있다는 것입니다. 이러한 세계관을 결정론적 세계관 또는 운명론이라고 합니다. 결정론적 세계관을 이해하기 위해 우리가 잘 알고 있는 도미노로 예를 들어보겠습니다.

매우 긴 도미노가 있다고 가정해봅시다. 도미노는 첫 번째 도미노가 쓰러지는 순간 순차적으로 다음 도미노가 쓰러지게 되어 있습니다. 그것이 도미노가 쓰러지는 법칙이라고 할 수 있겠지요. 중간에 있는 도미노의 입장에서 생각해보면 자신이 쓰러진 것은 결코 우연이 아닙니다. 이미 첫 번째 도미노가 넘어질 때 중간에 있던 도미노 또한 넘어지도록 운명이 결정된 것입니다. 왜냐하면 중간에 있는 도미노가 쓰러질 것은 도미노의 운동 법칙에 의해 이미 결정되어 있었던 것이기 때문입니다. 어떠한 도미노도 이 법칙을 피해갈 수는 없습니다. 마찬가지로 인간에게 일어나는 일도 하나의 도미노와 같이 자연법칙에 의해 일어날 일이 일어나고 있는 것이고, 인간은 이렇게 결정된 세계에서 살고 있는 것입니다.

쓰러질 운명

만약 자신의 삶이 어떠한 법칙에 의해 결정되어 있다면 그것을 파악하는 것은 행복한 삶을 위해 반드시 필요한 과정입니다. 따라서 결정론적 세계관을 지닌 스토아철학자들에게 이성은 중요한 의미를 지닙니다. 왜냐하면 인간은 자신에게 부여된 이성을 통해서만 자연을 지배하는 법칙을 파악할 수 있으며, 나아가 이를 통해 자연에 일치하는 바람직한 삶을 살 수 있기 때문입니다.

반대로 자연의 법칙을 파악하지 못하고 인간에게 있지도 않은 자유의지를 발휘해서 자연의 법칙에서 벗어나려고 한다면 그렇게 살 수 없을 뿐만 아니라 많은 좌절과 불행을 겪게 될 수밖에 없을 것입니다. 결국 이성적 존재인 인간에게 자연에 따르는 삶을 산다는 것은 이성에 따르는 삶을 산다는 말이 됩니다. 스토아학파의 철학자들에게 행복한 삶이란 다름 아닌 내면의 이성에 따르는 삶이자 자연의 법칙에 따라 사는 것을 의미합니다.

행복에 이르는 방법

스토아학파의 철학자들은 자연에 따르는 삶을 살기 위해 먼저 인간의 의지로 통제할 수 있는 것은 사건 자체가 아니라, 그것을 받아들이는 자신의 태도일 뿐임을 깨달아야 한다고 강조합니다. 이 말은 인간을 불안하고 불행하게 만드는 것은 어떤 사건이 발생했느냐가 아니라 그 사건을 수용하는 인간의 태도에 달려 있다는 말입니다. 모든 사건이 이미 결정되어 있는 상황에서 가장 현명한 태도는 인간에게 달려 있는 일과 달려 있지 않은 일을 명확히 구분하여 행동하는 것입니다.

스토아학파의 철학자들에 의하면 우리에게 달려 있는 것과 그렇지 않은 것은 분명하게 구분됩니다. 예를 들어 우리의 생각이나 충동, 욕구 등은 우리에게 달려 있는 일입니다. 반대로 우리의 외모나 물질적 부, 사회적 평판이나 지위 등은 우리에게 달려 있지 않은 것입니다. 이 두 가지를 왜 구분해야 할까요? 그 이유는 자연 법칙에 따라 발생하는 사건 자체에 대해 인간은 어떠한 영향력도 발휘할 수 없기 때문입니다. 그럼에도 불구하고 이미 일어나기로 결정되어 있는 사건을 자신의 의지로 변화시키려 한다면 결국 실패할 것이고, 이로 인해 슬픔이나 분노와 같은 정념에 사로잡혀 불행해질 수밖에 없기 때문입니다.

스토아학파의 철학자들은 최고로 행복한 상태를 '정념(Pathos)'에서 해방된 자유로운 상태, 즉 '아파테이아(Apatheia)'로 보았습니다. 이러한 상태에 이르려면 어떤 사건이 발생한다고 해도 타고난 본성인 이성(Logos)을 발휘해 정념으로 인해 요동치는 마음을 안정시켜야만 합니다. 다시 말해 어떠한 사건이 발생한다고 해도 그 사건을 바라보는 자신의 생각을 통제할 수 있는 사람이 되어야 합니다.

스토아학파의 철학자인 에픽테투스는 자식과 아내의 죽음 역시 일어날 일이 일어난 것일 뿐이므로 담담하게 받아들일 수 있어야 한다고 주장합니다. 즉, 행복에 이르기 위해서는 어떠한 사건이 일어날지라도 자연의 전체적 계획에 따라 일어난 사건일 뿐이라는 사실을 이성으로 깨닫고 마음의 평온을 방해하는 정념에서 벗어나야 한다는 것입니다. 다시 말해 우리의 의지로 변화시킬 수 없는 사건들은 초연하고 담담하게 받아들이라는 것입니다.

예컨대 교통사고가 났을 때 우리가 선택할 수 있는 것은 딱 두 가지가 있습니다. 첫째, 자연의 법칙에 따라 일어나기로 예정되어 있던 사고가 예정대로 발생한 것으로 생각하고 자신의 운명을 담담하게 수용하는 것입니다. 둘째, 재수 없이 사고가 났다고 계속해서 화를 내는 것입니다. 당연히 우리의 의지로 이미 일어나기로 결정되어 있었던 교통사고 자체를 피할 수는 없습니다. 따라서 교통사고를 대하는 자신의 태도를 변화시켜 의연하게 교통사고를 수용하는 것이 행복한 삶을 위한 가장 현명한 선택입니다.

마찬가지로 누군가가 나에게 화를 냈을 때, 음식점에 갔는데 음식이 너무 늦게 나올 때 우리는 화를 낼 필요가 없습니다. 화를 내면 낼수록 점점 더 마음은 요동치고 심란해질 뿐입니다. 이는 마치 새그물에 걸린 새가 발버둥치면 칠수록 그물망이 더 옥죄어와서 오히려 고통만 커지는 것과 같습니다. 정념이라는 늪에 빠져들지 않기 위해서는 자신의 운명을 거부하려고 발버둥치기보다 어떠한 일이 발생한다고 해도 운명에 순응하는 초연한 삶의 자세가 필요합니다.

아울러 스토아학파는 물질적 부, 명예, 권력과 같이 자신에게 달려있지 않은 외적인 것에 대한 욕망과 충동 역시 인간의 정신적인 자유를 방해하고 인간을 불행하게 만들 뿐이므로 관심을 두지 말아야 한다고 주장합니다. 이처럼 스토아학파의 철학은 운명론적 세계관을 바탕으로 인간이 통제할 수 없는 구체적인 사건이나 행운을 통해서 행복을 성취하고자 하는 것이 아니라, 인간의 통제하에 있는 자기 자신의 태도, 사고방식을 자연의 법칙에 맞게 조화시킴으로써 행복을 성취하려고 한 것입니다.

우리는 우리가 할 수 있는 것만을 원하고, 그 안에서 우리의 의지로 선택할 수 있는 것만을 스스로 선택해서 살아가는 현명한 삶을 살 때만이 자유와 행복을 누릴 수 있습니다. 그런데 자신이 통제할 수 없는 일에 대해서도 계속해서 미련을 갖는다면 당연히 불행해질 수밖에 없습니다. 놀이 공원에 갔을 때 재미있는 놀이 기구를 타기 위해 늘어서 있는 긴 줄의 맨 뒤에 줄을 설 때, 주말에 모처럼 여행을 나섰는데 도로 위에 차가 꽉 막혀 있을 때 우리는 짜증이 날 수 있고, 생각하면 생각할수록 더 기분이 나빠질 수 있습니다. 하지만 피할 수 없는 상황임을 인정하고 이 상황에 대해 나는 어떠한 태도를 취할지 선택해야 합니다. 피할 수 없다면 즐기라는 말이 있듯이 우리는 이 상황에서도 화를 낼 필요가 없습니다.

마찬가지로 우리는 부, 명예, 권력과 관련해서도 이것이 오지 않는다고 분노하지 말아야 합니다. 화를 낸다고 바뀌는 것은 아무것도 없습니다. 자신만 불행해질 따름입니다. 따라서 주어진 모든 상황을 담담하게 받아들여야 합니다.

이처럼 스토아철학자들은 행복을 위해 작가가 써준 대본에 따라 연기하는 배우와 같이 주어진 운명에 순응하는 삶을 살라고 주장하고, 그것이 바로 자유로운 삶이라고 강조합니다. 운명에 따르는 삶은 우리들의 상식으로는 결코 자유로운 삶이 아닙니다. 그럼에도 불구하고 자유로운 삶이라고 하는 이유는 무엇 때문일까요?

학교에 가기 싫은 학생, 회사에 가기 싫은 직장인이 있다고 가정해 봅시다. 그런데 현실은 학교에 가야만 하고, 회사에 가야만 하며 실제로도 꼬박꼬박 가고 있습니다. 이렇게 매일매일 억지로 학교나 직장에 끌려가는 것은 노예와 같은 자유롭지 못한 삶입니다. 반대로 학교나 직장에 가는 것은 피할 수 없는 우리의 운명이라고 생각해서 이를 이성적으로 이해하고 수용한 사람은 학교나 직장에 갈 때 억지로 끌려가는 것이 아니라 자신의 이성이 인정한 바에 따라 행동하기 때문에 자유롭다고 생각하게 됩니다.

스토아학파의 철학자 아우렐리우스는 인간의 행복과 평온이 덕으로부터 온다고 표현하였습니다. 스토아학파의 철학에서 덕스러운 삶이란 이성과 일치하는 삶을 사는 것을 뜻합니다. 다시 말해 이성으로 자연법칙을 깨닫고 그에 따라 일어나는 일을 담담히 받아들이는 태도가 곧 덕스러운 태도입니다. 결국 행복한 삶을 살기 위해서는 자신에게 달려 있지 않은 외부적 조건의 개선을 통해 행복해지려고 하지 말고 이성을 따르는 덕스러운 삶을 살아야 합니다. 이러한 태도를 가진다면 아무리 주위 환경이 열악하고 전쟁으로 인해 가족, 친구가 죽어나가는 사회적 혼란 속에서도 포기하지 않고 행복을 추구할 수 있을 것입니다.

요약하면 스토아학파의 입장에서 인간이 행복한 삶을 살아가기 위해서는 어떤 사건이 벌어지더라도 그것은 우리의 의지와 무관한 사건일 뿐만 아니라, 자연의 법칙에 따라 벌어질 일이 벌어진 것뿐임을 자연에 대한 이성적 통찰을 통해 깨달아야 합니다. 나아가 어떠한 사건이 벌어진다고 해도 감정에 휘둘리지 않고 이성적 태도로 초연할 수 있을 때 마음의 평온과 행복한 삶을 살 수 있게 됩니다.

결국 스토아철학자들이 주장한 행복은 이성을 토대로 자신의 정념과 욕망에서 벗어나 덕에 일치하는 도덕적인 삶을 살고자 노력할 때 얻을 수 있는 열매라고 할 수 있습니다. 스토아철학은 주어진 운명이 비록 타인보다 상대적으로 불행해 보일지라도, 지금 이 순간 어렵고 힘든 상황에 처해 있다고 하더라도 나의 운명이나 현재의 사건 그 자체를 바꾸려고 노력하기보다 그것을 대하는 마음 자세를 바꾸면 행복에 이를 수 있다는 점을 잘 알려주고 있습니다.

EPICURUS

Ex Cimeliarchio Cl. V. Ericl Puteani.

02
에피쿠로스학파의 행복론

소극적 쾌락주의

에피쿠로스학파의 창시자인 에피쿠로스(Epicurus, B.C. 341~270)는 에게해에 있는 여러 섬 중 하나인 사모스(Samos)섬에서 태어났습니다. 그는 나중에 아테네로 이주해 살았습니다. 에피쿠로스는 스토아학파와 달리 결정론적 세계관을 주장하지 않았습니다. 이러한 차이는 인간에게 자유의지가 있다는 것을 인정하게 되어 쾌락주의를 표방할 수 있는 토대가 됩니다. 쾌락주의 철학의 경우 행복은 쾌락의 증가와 고통의 회피로 간단하게 정의되는데, 에피쿠로스학파의 경우에도 이는 마찬가지입니다.

에피쿠로스는 인간을 본성적으로 쾌락을 추구하는 존재로 파악했습니다. 그는 인간은 쾌락을 통해 행복한 삶을 이루며, 쾌락에 의해 인간의 삶이 조종된다고 보았습니다. 그래서 에피쿠로스는 쾌락은 인간이 추구해야 할 유일한 선이며, 고통은 유일한 악이라고 주장합니다. 그러나 그가 추구한 쾌락은 오늘날 우리가 생각하는 육체적이고 감각적인 쾌락과는 상당한 거리가 있습니다.

많은 사람들은 에피쿠로스의 사상을 쾌락주의라고 부릅니다. 쾌락주의라는 명칭에서 많은 오해가 발생하게 되는데, 에피쿠로스는 적극적으로 쾌락을 추구하는 삶을 살라고 강조하지 않았습니다. 에피쿠로스가 강조한 행복은 적극적인 쾌락의 추구라기보다는 오히려 고통의 제거를 통해 달성되는 것입니다. 에피쿠로스는 최고의 쾌락을 모든 고통이 제거될 때에 도달되는 것으로 보았으며, 고통의 부재 상태가 가장 이상적인 상태임을 강조하였습니다. 이처럼 에피쿠로스는 쾌락의 증진보다 고통의 제거에 중점을 두었기 때문에 그의 사상을 소극적 쾌락주의라고 부릅니다.

에피쿠로스는 쾌락을 적극적으로 추구하는 것보다 욕심을 줄이는 것이 행복을 추구하는 더 적절한 방법임을 잘 알고 있었습니다. 쾌락의 역설이라는 말을 들어보셨을 것입니다. 쾌락을 적극적으로 추구하다 보면 오히려 고통이 찾아오는 경우를 말합니다. 특히 육체적이고 감각적인 쾌락을 지나치게 추구하다 보면 쾌락의 역설에 빠지기 쉽습니다. 예를 들어 마약이나 술에 빠지면 작은 양으로는 쾌락을 느끼지 못하게 되고, 점점 더 많은 양의 마약과 술을 먹어야만 쾌락을 누릴 수 있게 됩니다. 이렇게 되면 인생은 행복과는 멀어지고 오히려 파멸로 빠져들게 됩니다.

또 쾌락을 목표로 삼아 반드시 어떤 일을 성공시켜서 커다란 쾌락을 성취할 것을 기대하고 행동하는 것보다 욕심 없이 살아갈 때 더 큰 행복을 누리게 됩니다. 학생 시절 점심시간에 맛있는 급식을 기대하고 갔다가 큰 실망을 했다거나, 아니면 좋은 여행지, 좋은 식당이라고 소개받고 기대를 잔뜩 했다가 실망했던 적이 있을 것입니다. 쾌락은 적극적으로 추구할 때보다 욕망을 줄이면 줄일수록 오히려 더 쉽게 만족시킬 수 있는 역설적인 면이 있습니다.

우리는 가끔 연예인들의 인터뷰 중 재미있는 경우를 볼 수 있습니다. 리포터가 연예인에게 "어떻게 연예인이 되었냐?"라고 묻자 연예인은 이렇게 답합니다. 사실 자기는 아무런 생각 없이 오디션을 보는 친구를 따라 갔을 뿐인데 정작 연예인이 되기를 원하는 친구는 떨어지고 구경을 갔던 자신이 감독의 눈에 들어 영화 주인공으로 발탁되었다는 내용의 인터뷰를 본 적이 있을 것입니다. 이 상황에서 큰 기대를 했던 친구는 커다란 실망감에 사로잡힐 것이고, 아무 욕심이 없었던 자신은 매우 큰 행복감을 맛볼 수 있었을 것입니다. 이처럼 쾌락이란 것은 적극적으로 추구한다고 해서 더 큰 행복을 가져오는 것이 아니라 욕망을 절제할 때 더 많이 얻을 수 있습니다.

그렇다면 에피쿠로스가 참된 행복으로 여기는 상태는 어떤 상태일까요? 에피쿠로스는 우리의 신체에 어떠한 고통도 없으면서 동시에 정신에도 불안과 근심이 없는 상태를 이상적인 상태로 여겼습니다. 이를 통해 행복한 삶을 살기 위해서는 건강한 육체와 근심, 불안, 걱정에서 해방된 마음의 평정 상태를 유지해야 함을 알 수 있습니다. 에피쿠로스는 육체에는 고통이 없고 정신에는 불안과 근심이 없는 이상적인 상태를 아타락시아(Ataraxia)라고 불렀습니다.

아타락시아와 아파테이아

아타락시아	아파테이아
허황된 욕심을 갖지 않음으로써 마음에 근심과 불안이 없으며 몸에도 고통이 없는 평온한 상태 → 외부의 간섭이 없고 고통이 따르지 않는 순수한 쾌락의 상태	우주적 인과관계와 자연법칙을 바르게 깨닫고, 개개인의 이성이 보편적인 이성과 하나됨으로써 어떠한 상황 앞에서도 동요하지 않는 정신 상태 → 정념에서 해방되어 외부 자극에 흔들리지 않는 초연한 마음의 상태

에피쿠로스가 주장한 아타락시아의 상태가 왜 행복한 상태일까요? 우리는 평소에 아무 일도 없을 때에는 적극적으로 쾌락을 추구하며 살고, 좋은 일이 생기지 않으면 행복하지 않다고 생각하며 살고 있습니다. 그러나 학업이나 직업 생활을 하면서 큰 걱정이 생기거나, 아니면 병원에 입원할 정도로 심각한 병에 걸렸을 때는 적극적으로 쾌락을 추구하기보다 육체적인 고통이나 정신적인 불안과 근심으로부터 해방될 수만 있다면 참 행복하겠다고 생각하기도 합니다. 특히 가족 중에 아픈 사람이 있으면 가족이 병에서 회복될 때까지는 행복감을 느끼지 못합니다.

이러한 경험을 통해 그동안 특별히 좋은 일은 없었지만 걱정 없이 살았던 것이 진정으로 행복한 순간이었음을 뒤늦게 깨닫기도 합니다.

이렇게 생각한다면 아타락시아의 상태가 왜 진정한 행복인지 이해할 수 있을 것입니다.

행복에 이르는 방법

에피쿠로스는 욕망의 적극적인 추구보다 몸과 마음의 고통으로부터의 해방을 중시하였습니다. 그래서 인간이 지닌 유한성으로 인해 누구에게나 공포로 다가올 수밖에 없는 미신이나 죽음에 대한 공포를 제거하기 위해 노력하였습니다. 왜냐하면 초월적 존재인 신과 관련된 불안이나 절대로 회피할 수 없는 죽음으로 인한 공포가 해소되지 않는다면 정신적인 불안과 고통으로 인해 아타락시아에 도달할 수 없기 때문입니다.

많은 사람들은 자신이 어떤 행동을 했을 때 혹시 신에게 벌을 받지는 않을지, 죽은 다음에 지옥에 떨어지지는 않을지 걱정을 하면서 살아갑니다. 에피쿠로스는 신에 대한 공포를 없애기 위해 신은 가장 행복하고 완벽한 삶을 누리고 있다고 주장합니다. 신은 아쉬울 것이 전혀 없기 때문에 인간의 일에는 아무런 관심도 없다고 강조함으로써 신에 대한 공포에서 벗어날 것을 설득하였습니다.

또한 에피쿠로스는 죽음의 공포로부터 사람들을 해방시키기 위해 많은 노력을 기울였습니다. 그는 죽음이라는 것이 찾아오면 인간은 감각 능력을 상실하기 때문에 죽음은 아무것도 아니며, 죽음에 대해 걱정할 필요가 없다고 주장하였습니다. 또한 우리가 살아 있는 동안에는 죽음을 만날 수 없으며, 죽음이 찾아오면 우리가 없기 때문에 결코 죽음을 직접 대면하는 일은 없을 것이라고 사람들을 설득하였습니다. 이처럼 그는 죽음에 대한 인식을 변화시켜 사람들을 죽음에 대한 공포로부터 해방시키고자 하였습니다.

에피쿠로스는 최고선으로 쾌락을 추구하기는 하였지만 진정한 행복을 위해 무분별하게 쾌락을 추구하는 것은 반대하였습니다. 그는 쾌락의 종류와 무관하게 아무런 쾌락이나 무조건적으로 추구한다고 해서 행복에 도움이 된다고 보지 않았습니다. 에피쿠로스는 지금 당장 순간적으로는 쾌락을 느낄 수 있더라도 이로 인해 미래에 더 큰 불쾌가 발생할 위험이 있다면 그러한 쾌락은 추구하지 말아야 한다고 보았습니다. 만약 무분별하게 육체적인 쾌락이나 향락을 추구한다면 당장은 만족을 가져오겠지만 이로 인해 인생의 수많은 계획이 어긋나고 불행해질 수 있습니다.

우리는 어떤 고통은 잘 참고 견뎌내면 더 큰 쾌락이 주어질 수 있고, 반대로 눈앞의 단기적 쾌락이나 육체적 쾌락만 추구하면 장기적으로는 더 큰 고통이 찾아올 수도 있다는 것을 잘 알고 있습니다. 그렇기 때문에 학생들은 당장은 공부하기 힘들어도 인내하면서 자신의 미래를 위해 열심히 노력하는 것입니다. 또 역설적으로 육체적·감각적 쾌락을 과도하게 추구하면 오히려 불행과 고통을 유발하는 경우도 있습니다. 쾌락이라는 목적을 의식하지 않고 어떤 일을 하는 과정에서 쾌락을 얻는 경우 행복을 느낄 수 있겠지만, 억지로 쾌락을 추구하다보면 그것이 스트레스가 되어 불행이 찾아올 수도 있을 것입니다.

따라서 에피쿠로스는 행복한 삶을 살기 위해서는 쾌락을 추구할 때 이성의 도움을 받아야 한다고 강조합니다. 참된 쾌락과 행복을 얻기 위해서는 이성을 발휘해 구체적인 상황에서 이 고통은 감수할 가치가 있는 것인지, 아니면 이 쾌락은 추구할 가치가 있는 것인지 사려 깊은 태도로 쾌락과 고통을 분별하는 것이 반드시 필요합니다. 여기서 이성은 쾌락을 잘 추구하기 위한 수단으로 필요한 것이지 이성 그 자체가 삶의 목적이 되는 것은 아닙니다. 에피쿠로스의 철학에서 유일한 목적은 항상 쾌락입니다. 에피쿠로스는 쾌락을 목적으로 추구함에 있어서 이성적인 태도로 사려 깊게 분별하는 것, 즉 실천적 지혜(Phronesis)를 발휘하는 것을 덕스러운 태도로 보았습니다. 그는 이러한 덕을 발휘하지 않고서는 진정한 쾌락에 도달할 수 없다고 주장합니다.

에피쿠로스가 추구해야 할 쾌락으로 생각한 것은 육체와 정신 모두에 고통을 일으키지 않는 쾌락을 의미합니다. 쾌락을 사려 깊게 추구하기 위해 에피쿠로스는 인간의 욕구를 구분합니다. 욕구를 구분하는 기준은 자연적인 욕구인가와 필수적인 욕구인가 입니다. 인간의 욕구 중에는 갈증, 식욕, 수면욕과 같은 자연적이고 필수적인 욕구가 있고, 산해진미에 대한 욕구와 아름다운 사람과의 성적인 욕구처럼 자연적이기는 하지만 필수적이지 않은 욕구도 있습니다. 아울러 소유욕, 명예욕, 권력욕, 지배욕처럼 자연적이지도 필수적이지도 않은 욕구도 있다고 보았습니다. 우리는 갈증이 해결되지 않으면 누구나 큰 고통을 느끼지만 명예욕으로 때문에는 고통받지 않을 수 있습니다. 우리가 진정한 쾌락을 누리기 위해서는 욕구를 추구함에 있어 자신의 욕구가 어떤 종류의 것인지 잘 살펴야 합니다.

욕구의 분류

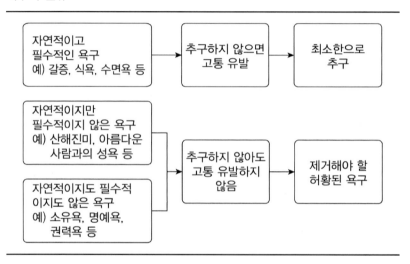

에피쿠로스는 비자연적이고 필수적이지 않은 허황된 욕구가 고통을 유발하는 원인이라고 지적합니다. 만약 공적인 활동을 통해 명예나 권력을 추구하거나 진수성찬이나 성적인 쾌락을 쫓는다면 불행한 삶을 살게 될 것입니다. 설령 돈과 명예를 얻었다고 하더라도 순간적인 쾌락이 사라지면 오히려 더 큰 고통에 빠질 수 있습니다. 행복한 삶을 살기 위해서는 허황된 욕구들을 과감하게 버려 고통에서 해방될 수 있어야 합니다. 헛된 욕망을 많이 가지면 가질수록 고통과 불행의 크기도 늘어날 뿐입니다. 따라서 우리가 행복에 도달하기 위해서는 자연적이고 필수적인 욕구만을 그것도 최소한으로 추구해야 합니다.

이처럼 에피쿠로스가 쾌락을 추구함에 있어서 모든 욕구를 잘 관찰하고 잘 통제할 것을 당부한 것은 바로 어떤 쾌락과 욕구를 추구하느냐가 행복한 삶을 결정짓는 열쇠라고 생각했기 때문입니다.

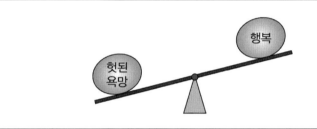

에피쿠로스는 행복에 이르기 위해 고통의 원인을 제거하고 방탕한 쾌락을 추구하지 말아야 한다고 강조합니다. 아울러 그는 고통을 피하고 행복한 삶을 살기 위해 어느 정도의 경제적 안정에 도달하였다면 대중을 떠나 은둔하는 삶을 사는 것이 더 좋다고 말합니다. 그는 번잡스러운 공적인 삶이나 정치적 삶을 통해서 적극적으로 명예나 더 큰 부를 추구하다 보면 정신적인 평정에 이르지 못하기 때문에 몸과 마음에 고통이 없는 상태를 추구하는 소극적인 태도를 강조한 것입니다. 우리가 만약 정치에 뛰어든다면 명예를 얻을 수 있겠지만 복잡한 문제들에 사로잡혀 마음의 평온에서 오는 행복에 도달하지 못할 수 있습니다.

은둔자적인 삶을 통해 개인주의적 쾌락을 추구한 에피쿠로스도 우정과 정의는 포기하지 않았습니다. 에피쿠로스가 골치 아픈 공적인 삶을 반대하기는 하였지만 친구들과의 우정까지 반대한 것은 아닙니다. 오히려 친구들과의 우정, 즉 인간관계를 통해서도 쾌락을 얻을 수 있다는 점을 강조하였습니다.

또한 인간관계에서 쾌락을 얻기 위해 정의를 강조하였는데, 에피쿠로스가 주장하는 정의는 객관적으로 존재하는 추상적 원리가 아니라, 때와 장소를 가리지 않고 인간이 서로 만나고 교류하는 구체적 상황에서 서로 해를 끼치지 말자는 계약이나 합의를 말하는 것입니다. 이러한 정의를 지킴으로써 우리는 친구관계에서 행복을 찾을 수 있습니다.

에피쿠로스는 쾌락주의자로 불리지만 사회적 혼란기에 욕망을 적극적으로 추구하기보다는 오히려 욕망을 줄이고 절제하는 도덕적인 삶을 통해 행복을 추구해야 한다고 보았습니다. 그는 참된 쾌락을 파악할 수 있는 이성적인 덕인 실천적 지혜를 토대로 사려 깊게 판단하고 신중하게 쾌락을 추구해야 행복에 이를 수 있음을 알려주고 있습니다. 쾌락의 노예가 되지 않고 장기적 관점에서 쾌락을 합리적으로 선택할 수 있는 강한 의지와 절제의 덕을 지닌 사람만이 진정한 쾌락을 누리고 행복에 이를 수 있을 것입니다.

이러한 에피쿠로스의 행복론은 물질적 욕망에 의해 고통받고 있는 많은 현대인들에게 반드시 욕망의 적극적인 충족을 통해서만 행복을 이룰 수 있는 것이 아니며, 어렵고 힘든 상황에서도 욕망을 줄인다면 행복에 도달할 수 있다는 교훈을 주고 있습니다.

고대와 중세 시대를 명확하게 구분하는 것은 논란의 소지가 있지만 일반적으로 서양의 중세는 476년 서로마 제국이 멸망한 시기부터 르네상스 운동이 일어난 14~15세기 정도까지의 시기를 의미합니다. 중세에는 인간 중심의 철학이 전개되었던 고대 그리스와 달리 신 중심의 철학 사상이 전개되었습니다. 많은 사람들이 이 시기를 철학의 암흑기라고 칭하기도 하지만 그렇다고 해서 철학이 없었던 것도 아니며, 고대 그리스의 철학 또한 중세 신학에 일정 부분 영향을 미쳤습니다. 중세에는 교부철학과 스콜라철학이 발전하는데, 이 두 철학 모두 고대 그리스의 철학 사상을 조화롭게 수용하고 있습니다.

중세 시대를 대표하는 위대한 철학자로는 아우구스티누스(Augustinus)와 아퀴나스(Aquinas)를 들 수 있습니다. 이들은 고대 그리스 철학을 기반으로 자신의 철학을 전개합니다. 아우구스티누스는 플라톤의 철학을, 아퀴나스는 아리스토텔레스의 철학을 이용해 크리스트교 교리를 더욱 치밀하게 발전시켰습니다. 아우구스티누스의 경우 플라톤의 이원론을 계승하여 『신국론 The City of God』을 저술하였으며, 아퀴나스의 경우에는 아리스토텔레스의 논리학을 적용해 신 존재 증명을 시도하였습니다. 이처럼 중세에는 고대 그리스 철학이 신학과 조화를 이루게 됩니다. 이러한 크리스트교 사상은 고대 철학과 근대 철학을 연결해주는 다리 역할뿐만 아니라 그 자체로서도 오늘날까지 상당한 영향력을 떨치고 있습니다. 따라서 이 장에서는 교부철학자 아우구스티누스와 스콜라철학자 아퀴나스의 행복론에 대해 살펴볼 것입니다.

3장

행복론의 철학사적 흐름: 중세

01
아우구스티누스의 행복론

최고선으로서의 신과 악의 근원

아우구스티누스는(Augustinus, 354~430)는 북아프리카의 타가스테에서 태어났습니다. 그는 크리스트교 사상의 이론적 토대를 정립한 위대한 교부철학자로 평가받고 있습니다. 그러한 그도 젊은 시절에는 육체적 쾌락에 빠져 방탕한 생활을 하였습니다. 또한 크리스트교가 아니라 이단인 마니교를 믿기도 하였습니다. 하지만 열정적인 크리스트교 신자였던 어머니 모니카의 아들을 위한 기도와 물질보다 정신을 강조하는 플라톤주의 철학을 접하게 되면서 마음을 바꿔 먹게 됩니다. 결국 그는 플라톤주의 철학에서 성경으로 나아가는 과정에서 신의 사랑과 은총을 깨닫고 33살에 방탕한 생활을 마무리합니다.

아우구스티누스에 의하면 신은 만물의 주권자이며 물질적 실체와 영적 실체 모두를 창조한 창조자입니다. 아우구스티누스는 존재하는 모든 것에 위계가 있다고 보았습니다. 그는 지속적이고 불변하는 존재에 더 높은 위계를 부여하였습니다. 따라서 무(無)보다는 물질적 실체가 낮고, 물질적 실체보다는 영적 실체(영혼)가 더 우위에 있게 됩니다. 물질적 속성의 정반대에 위치하는 신은 모든 존재 중에서 가장 높은 위계를 지니며, 인간의 영혼은 물질적 속성을 지닌 육체보다 높은 위계를 지닙니다. 아우구스티누스는 인간의 영혼은 높은 위계에 있는 정신적인 것을 사랑할 수 있는 능력을 지니고 있으므로 가장 완전한 존재인 신을 사랑해야 한다고 주장합니다.

아우구스티누스는 그의 자서전이라 할 수 있는 『고백록 The Confessions』에서 신은 가장 높고, 가장 선하고, 가장 강하고, 가장 자비롭고, 전능하기 때문에 전혀 부족함이 없는 완전한 존재라고 정의하였습니다.

반면에 인간을 포함한 피조물은 불완전하고 신에게 어떤 도움도 줄 수 없으며, 신과 동등한 존재도 아니지만 최고선인 신에서 나왔으므로 선한 면을 지니고 있다고 파악합니다. 모든 피조물은 존재할 만한 어떤 자격을 갖추고 있어서 세상에 존재하게 된 것이 아닙니다. 다시 말해, 신은 완전한 존재이기 때문에 피조물을 자신의 결핍을 채우기 위해서 만든 것이 아닙니다. 그럼에도 불구하고 인간을 비롯한 피조물들이 존재하는 이유는 단지 신이 지닌 선의 충만함 때문입니다.

아우구스티누스에 의하면 이처럼 선한 신(The Good God)은 자연과 인간을 모두 창조하였으며, 자연과 인간을 창조할 때 자신의 전능한 힘을 사용해 선하게 창조하였습니다. 따라서 선한 존재인 신으로부터 만들어진 모든 피조물은 하나의 선이라고 할 수 있습니다. 하지만 우리는 종종 악한 사람들을 목격할 수 있습니다. 분명히 이 세상에는 악이 존재합니다.

그렇다면 이 세상에 실존하고 있는 악의 기원은 무엇일까요? 아우구스티누스는 악은 가장 뛰어난 실체이자 최고선인 신으로부터 멀어져 저급한 것을 향해 나아가고자 하는 의지, 즉 우리들의 의지가 타락했기 때문이라고 주장합니다. 결국 악은 인간이 신이 부여한 자유의지(Free Will)를 남용해서 신이 창조한 선한 질서, 신의 의지, 자연과 인간의 본성을 왜곡한 결과라는 것입니다. 악이라는 것은 선이 결여된 상태이지 본래부터 존재했던 것도 신에 의해 창조된 것도 아닙니다.

이러한 내용은 성경의 창세기에 잘 나타나 있습니다. 신이 창조한 최초의 인간인 아담(Adam)과 이브(Eve)는 신에게 에덴동산의 다른 열매들은 마음껏 먹어도 되지만 선악과는 먹지 말라는 당부의 말을 듣습니다. 여기서 인간이 자유의지를 부여받았다는 것을 알 수 있습니다. 신이 만약 인간에게 자유의지를 부여하지 않았다면 굳이 선악과를 따먹지 말라고 당부할 이유가 없겠지요. 인간에게는 신의 명령에 따라 선악과를 먹지 않을 수도 있고, 그 명령을 어기고 먹을 수 있는 자유의지가 있었던 것입니다.

그런데 인간은 신이 준 이 자유의지를 남용해 에덴동산의 선악과를 따먹는 큰 죄를 짓고 말았습니다. 이처럼 악은 인간이 자유의지를 남용한 결과라 할 수 있습니다.

모든 인간의 조상이라고 할 수 있는 아담과 이브가 지은 태초의 죄를 원죄(Original Sin)라고 합니다. 원죄를 지닌 인간은 불완전한 존재이므로 스스로는 죄를 용서받고 구원에 이르지 못합니다. 만약 인간이 신에 의해 구원을 받지 못하면 지옥에 떨어지는 벌을 받게 되는 것입니다. 따라서 구원을 받고 영원한 행복에 이르기 위해서는 반드시 신의 은총을 받아야만 합니다.

물론 어떤 사람이 구원을 받고 어떤 사람이 지옥에 떨어지는 벌을 받는지는 모두 신의 뜻입니다. 누군가는 지옥에 가고, 누군가는 구원을 받아 천국에 가는 것은 모두 신의 선함이 표현된 것이라고 할 수 있습니다. 왜냐하면 천벌을 받는 것은 신의 정의가 표현된 것이고, 구원을 받는 것은 신의 자비로움이 표현된 것이기 때문입니다.

행복에 이르는 방법

아우구스티누스는 모든 사람이 본성적으로 행복을 갈망한다고 보았습니다. 이러한 본성 또한 신이 인간을 신에게 인도할 목적으로 부여한 것입니다. 아리스토텔레스나 스토아학파 및 에피쿠로스학파의 철학자들이 추구하는 행복은 현세에서의 행복이라면 신학자였던 아우구스티누스가 추구했던 행복은 현세에서의 행복이 아니라 내세에서의 영원한 행복입니다.

아우구스티누스는 자신이 원하는 것을 소유하지 못할 경우 결코 행복할 수 없다고 생각했습니다. 그는 행복을 자신이 원하는 것을 소유해 욕구가 충족된 상태로 본 것입니다. 하지만 아우구스티누스는 소유하고자 하는 대상이 적절하지 못할 경우에는 오히려 불행에 빠진다고 보았습니다. 즉, 행복이라는 것은 적절한 대상을 원하고 소유할 때 누릴 수 있는 것입니다. 그렇기 때문에 행복에 도달하기 위해서는 어떤 대상을 원해야 하는지부터 먼저 깨달을 필요가 있습니다. 만약 우리가 어떤 것을 소유함으로써 행복에 이를 수 있다면 그것은 어떠한 성질을 지니고 있어야 할까요?

아우구스티누스는 인간이 소유하기를 원해야 할 대상은 우리가 그것을 원할 때 사라져버리지 않고 항상 존재해야 하며, 누군가가 쉽게 빼앗을 수 없는 것이어야 한다고 보았습니다. 만약에 우리가 육체적인 욕구나 물질적 욕심을 채워서 완전한 행복에 도달하려고 한다면, 그것은 불가능합니다. 왜냐하면 우리의 영혼이 육체적이고 물질적인 욕심에 빠져 향락을 추구한다면 오히려 고통과 깊은 좌절에 빠지게 될 것인데, 그 이유는 육체나 물질은 결코 영원히 존재하는 것이 아니라 금세 사라지는 것이기 때문입니다.

예를 들어 인간이 돈을 소유함으로써 행복을 얻으려 한다면 돈은 속성상 있다가도 없고, 없다가도 있을 수 있는 것이므로 돈을 통해서는 행복을 지속시킬 수 없습니다. 또 많은 현대인들은 육체의 젊음을 소유하고자 하는데, 젊음이란 것은 영원한 것이 아니라 곧 사라져버릴 것이므로 그것의 소유를 통해서는 진정한 행복에 이를 수 없습니다. 따라서 인간은 물질적 부와 육체적인 욕구를 충족시킴으로써 영원한 행복에 도달할 수 없습니다. 영원한 행복에 도달하기 위해서는 자신이 원할 때 소유할 수 있으며, 자신이 원하는 동안에 지속적으로 소유할 수 있는 존재를 사랑해야 합니다.

또한 우리가 행복해지기 위해 원하고 소유해야 할 대상은 완전성을 지니고 있어야 합니다. 왜냐하면 어떤 대상을 소유했음에도 불구하고 자신의 욕구가 만족되지 않고 또 다른 대상을 원한다면 이러한 상태를 행복하다고 할 수 없기 때문입니다. 따라서 영원한 행복을 위해서는 소멸하지 않는 영원한 존재이자 완전한 존재를 원하고 사랑해야 합니다. 그런데 이러한 존재는 신밖에 없으므로 신을 원하고 사랑해야 하는 것입니다. 다시 말해 우리의 자유의지가 신을 지향할 때만이 참된 행복에 이를 수 있게 되는 것입니다.

신을 통해 행복에 이르기 위해서 인간은 더 이상 자유의지를 타락시켜서는 안 되며 신의 뜻에 따라 도덕적인 삶을 살아야 합니다. 아우구스티누스에게 있어서 최고선은 신이며, 최고의 덕은 바로 신에 대한 사랑입니다. 인간은 완전하고 최고로 선한 존재인 신에게 가까워지면 질수록 보다 완전하고 선해질 수 있습니다.

반대로 우리의 영혼이 자유의지를 발휘해 자기보다 열등한 것을 사랑하고 그것에 집착하는 삶을 산다면 행복이 아니라 고통에 시달리게 됩니다. 따라서 최고선인 신을 사랑해야 하는 것입니다. 이는 젊은 시절 육체적 쾌락에 빠져 살다가 후에 신에게 귀의한 그의 생애와도 일치하는 주장이라고 할 수 있습니다.

아우구스티누스는 신의 은총과 더불어 덕을 실천하는 삶을 통해서 신과 하나가 될 수 있으며, 신과 하나가 됨으로써 행복에 도달할 수 있다고 보았습니다. 그가 생각한 최고의 덕은 신에 대한 사랑이지만 여기서 파생된 개별적인 덕들도 존재합니다. 예컨대 플라톤이 강조했던 지혜, 용기, 절제, 정의와 같은 덕들입니다.

아우구스티누스는 플라톤이 주장한 4주덕을 그대로 수용한 것이 아니라 사랑의 관점에서 재해석합니다. 지혜란 신을 향해 나아가는 데 있어서 필요한 것이 무엇인지를 아는 사랑이며, 용기란 신을 위해서라면 어떠한 것도 감당하고 인내하는 사랑이며, 절제란 자기 자신을 아낌없이 완전하게 신에게 바치는 사랑이고, 정의란 다른 존재가 아니라 오직 신만을 섬기는 사랑입니다. 이뿐만 아니라 사랑을 통해서 생겨나는 믿음과 소망의 덕도 함께 실천해야 한다고 보았습니다. 결국 행복하게 살아가기 위해서는 신의 사랑에 근거한 7가지 덕들을 실천함으로써 자유의지를 선한 방향으로 사용하고 신과 하나가 되어야 합니다.

요약하면, 불완전한 존재인 인간은 행복에 도달하기 위해 더 이상 자신의 자유의지를 악행을 위해 남용하지 말고 최고선이자 완전한 존재인 신을 향해 나아가야 합니다. 아울러 신에 대한 사랑의 덕을 실천함으로써 영원한 존재인 신과 하나가 되려는 노력을 해야 합니다. 이를 통해 우리는 신을 향유하고 신을 사랑하면서 각 개인의 정신적인 욕구를 완전하게 충족시키고 참된 행복에 이를 수 있게 됩니다.

02
아퀴나스의 행복론

잘못 정의된 행복

아퀴나스(Aquinas, 1225~1274)는 이탈리아의 아퀴노 지방의 로카세 카에서 영주 중 하나인 란돌포 백작의 막내아들로 태어났습니다. 아우구스티누스가 젊은 시절에 방탕한 삶을 살면서 긴 방황의 세월을 보낸 것과는 달리 아퀴나스는 조용한 성품으로 학문에 열중하는 삶을 살았습니다. 그는 대학 교수로서 또 충실한 수도사로서 평생을 살았기 때문에 비교적 평탄한 삶을 살았다고 할 수 있습니다.

아퀴나스는 스콜라철학을 체계화시켰을 뿐만 아니라 크리스트교의 교리와 아리스토텔레스의 철학을 종합한 중세의 대표적인 철학자입니다. 아리스토텔레스의 철학은 신학적 측면에서 보았을 때 크리스트교의 창조론을 부정했기 때문에 기독교에서 수용되기 어려운 측면이 있었지만 아퀴나스는 신학과 충돌하지 않도록 지혜롭게 수용하였습니다. 그는 논리학의 아버지라 불리는 아리스토텔레스의 철학을 이용해 논리적으로 신 존재 증명을 시도하는 등 스콜라 철학을 더욱 발전시켰습니다. 이러한 그의 노력은 오늘날 신학과 철학, 신앙과 이성의 조화를 추구하였다는 평가를 받고 있습니다.

아퀴나스는 아리스토텔레스의 목적론을 수용하여 철학과 신학의 융합을 시도하였습니다. 아퀴나스는 아리스토텔레스의 입장을 그대로 수용하지 않고 신학적 차원에서 재해석을 시도합니다. 그는 완전한 행복이 아리스토텔레스처럼 지적인 탁월성과 품성적 탁월성을 쌓는 인간적인 노력만으로 현세에서 도달할 수 있는 것이 아니라고 보았습니다. 그는 인간의 궁극 목적을 완전한 선인 신으로 규정하고, 인간과 같은 이성적 존재는 신을 인식하고 명시적으로 신을 사랑함으로써 궁극 목적에 도달할 수 있다고 주장합니다. 나아가 행복이란 바로 궁극 목적에 도달하는 것이라고 정의합니다.

신학자였던 아퀴나스에게 현세에서의 삶은 완전한 행복에 도달하기 위한 과정에 불과하며 완전한 행복은 신의 은총을 받고 신과 하나가 됨으로써 도달되는 것이었습니다. 아퀴나스는 이러한 생각을 『신학대전 Summa Theologiae』에서 논리적으로 설명해나갑니다.

아퀴나스는 지금까지 행복으로 통용되어 왔던 8가지 내용에 대해 질문을 하나씩 던지면서 진정한 행복의 의미에 대해 고찰하였습니다. 즉, 행복이 재물, 명예, 명성 또는 영광, 권력, 육체의 선, 쾌락, 영혼의 선, 창조된 선에서 비롯되는 것이 아님을 논리적으로 증명합니다.

첫째, 재물에서 행복이 비롯될 수 없다고 보았습니다. 아퀴나스가 보기에 행복은 인간의 궁극적인 목적이며 완전한 것입니다. 그러나 재물로 살 수 없는 것들이 분명히 존재합니다. 예를 들어 지혜와 같이 정신적인 것은 재물로 살 수 없으므로 재물은 불완전한 것입니다. 또한 재물은 원하는 것을 사기 위해 필요한 것으로 그 자체가 목적이 아니라 수단에 불과합니다. 따라서 완전한 행복은 재물에 있을 수 없습니다. 재물을 추구하는 것은 오히려 욕망을 섬기는 것에 불과합니다.

둘째, 행복이 명예에 있다는 것은 불가능하다고 주장합니다. 왜냐하면 행복은 행복한 바로 그 사람 안에 존재해야 하는데, 명예는 명예를 받는 자 안에 있는 것이 아니라 오히려 명예를 부여하는 자에 달려 있기 때문입니다. 아퀴나스는 아리스토텔레스의 주장처럼 행복은 덕의 보수로 인한 것인데 명예는 덕이 아니라 인간의 야망에 불과하다고 보았습니다.

셋째, 명성도 행복의 내용이 될 수 없다고 보았습니다. 왜냐하면 행복은 참된 선인데, 명성은 대중들의 그릇된 공론으로도 얻을 수 있기 때문입니다. 예를 들어 부하 직원을 시켜서 거둔 성과를 자신이 직접 올린 성과인 것처럼 사람들을 속일 수 있습니다. 이를 통해 명성을 얻었다면 이는 칭찬받을 일이 아니라 오히려 비열한 행동이므로 행복의 내용이 될 수 없습니다.

넷째, 권력도 행복을 가져오지 않습니다. 그 이유는 행복은 고유하고 완전한 선인데 반해 권력은 불완전하며, 선뿐만 아니라 악과도 관련되기 때문입니다. 신은 권력을 선하게 사용하지만 우리 인간은 권력자가 되었을 때 항상 선을 행한다고 할 수 없습니다. 오히려 권력은 악의 근원이 될 수 있습니다. 또한 행복은 권력 자체가 아니라 권력을 사용하는 것과 관련이 있는데, 권력을 덕스럽게 사용함으로써 선을 실천할 때 행복에 도달할 수 있기 때문입니다.

아퀴나스는 지금까지 살펴본 재물, 명예, 명성, 권력 이 4가지로부터 행복이 비롯될 수 없는 이유를 4가지로 요약해서 다시 제시합니다. 첫째는 행복은 인간의 최고선이므로 어떤 악도 용인할 수 없는데, 앞서 살펴본 4가지는 악인에게도 발견되기 때문입니다. 둘째는 아리스토텔레스가 주장한 것처럼 행복은 자족성을 지니는데, 앞서 살펴본 각각을 얻는다고 해도 인간에게 필요한 건강, 지혜 등이 결여될 수 있기 때문입니다. 세 번째로 행복은 완전한 선이기 때문에 악을 유발하지 말아야 하지만 앞서 살펴본 4가지는 악을 발생시킬 수 있기 때문입니다. 마지막으로 인간은 행복을 지향하도록 자연 본성적인 내부적 근원에 의해 질서가 지어져 있는데, 앞서 말한 4가지는 오히려 인간의 외부에 존재하는 원인이며, 운에 의한 것이기 때문에 결코 그것에 행복이 있지 않다는 것입니다.

아퀴나스는 계속해서 행복의 내용이 무엇인지에 대한 논의를 이어나갑니다. 다섯째로 인간의 행복은 육체적 선에 있지 않다고 주장합니다. 왜냐하면 인간의 진정한 행복은 다른 동물을 능가하는 것이어야 합니다. 그런데 신체적 측면에서 동물과 인간을 비교한다면 코끼리가 인간보다 오래 살고, 달리기는 사자가 더 빠릅니다. 이처럼 수명이나 운동 능력과 같은 육체적 선은 동물이 오히려 인간보다 우월할 수 있기 때문에 행복은 육체적 선에 있을 수 없습니다.

여섯째로 인간의 행복은 쾌락에서 비롯되지 않는다고 보았습니다. 왜냐하면 방탕한 쾌락을 추구하면 비극적인 결과를 가져오기 마련이며, 만약 쾌락이 행복을 가져온다면 육체적 쾌락을 추구하는 동물이 가장 행복한 존재라는 불합리한 결론에 이를 수 있기 때문입니다. 쾌락은 행복 그 자체가 아니라 행복에서 비롯된 어떤 것이므로 행복의 본질을 쾌락으로 이해해서는 안 되며 행복에 따르는 부수적인 것으로 보아야 합니다.

일곱째로 인간의 행복은 영혼의 선에서 기인하는 것이 아니라고 주장합니다. 왜냐하면 영혼은 아직 무엇이 이루어져가고 있는 가능태에 속하기 때문입니다. 영혼은 모르는 것을 알고자 하며, 원하는 어떤 것을 희망하고, 무엇인가를 향유하고자 하는 가능성으로 존재합니다. 따라서 영혼에 속하는 선은 어떤 것이든 아직 충족되지 않은 불완전한 선이기 때문에 욕구가 충족된 완전한 선이자 궁극 목적인 행복이 될 수는 없습니다.

마지막으로 인간의 행복은 창조된 선에 있다는 것은 불가능하다고 설명합니다. 왜냐하면 행복이란 더 이상 욕구할 것이 남아 있지 않은 완전한 상태이며, 인간은 그렇기 때문에 보편적 선, 즉 신을 욕구하는데 완전한 선은 창조된 피조물에게서는 발견되지 않고 오직 신 안에서만 발견되기 때문입니다. 결국 아퀴나스는 인간의 행복이 다른 어떤 것이 아니라 바로 창조되지 않은 선인 신 안에 있는 것임을 명확히 하고 있습니다. 아퀴나스에 의하면 행복은 다름 아닌 완전한 선의 획득입니다.

아퀴나스는 이상 8가지 요인에 대한 고찰을 통해 최고선인 행복은 악행을 통해서는 절대 이룰 수 없는 것임을 확실하게 밝히고 있습니다. 또한 완전한 행복이 물질적인 것과 같이 외부적인 선에 있는 것도 아니고 인간의 영혼과 같이 내적인 것에 있는 것도 아니며 창조된 것에 있는 것도 아니라고 주장하고 있습니다.

행복에 대한 긴 논의를 통해 아퀴나스가 하고 싶은 말은 바로 완전한 행복은 완전무결하고 보편적 선이며 창조되지 않은 유일한 존재인 신에게 달려 있다는 것입니다. 따라서 완전한 행복은 현세에서 인간 스스로 이룰 수 있는 것이 아니라 오직 신의 은총을 통해 구원을 받아서 내세에서 누릴 수 있는 것입니다.

행복에 이르는 방법

아퀴나스는 지성적 존재인 인간은 완전한 선을 이해할 수 있고 인간 의지가 그것을 욕구하고, 나아가 신을 사랑함으로써 신을 닮아갈 수 있기 때문에 행복은 도달 가능한 것이 명백하지만 사람마다 행복에 도달하는 정도에는 차이가 있다고 주장합니다. 그는 어떤 존재이든 지복(至福) 그 자체인 신에게 가까이 다가갈수록 행복하다고 생각했습니다. 따라서 인간은 하나밖에 없는 최고선, 즉 신을 향유함으로써 행복해지고, 이런 선을 향유하면 하는 만큼 더 행복해질 수 있는 것입니다.

인간이 행복에 도달할 수 있는 구체적인 방법은 무엇일까요? 아퀴나스는 궁극적이고 완전한 행복은 신의 본질을 보는 데(신의 본질 직관)만 있을 수 있다고 주장합니다. 행복은 우리의 욕구가 완전히 충족된 것이며, 우리의 지성은 사물의 본질을 탐구의 대상으로 삼고 있습니다. 만약 우리의 지성이 제1원인의 본질을 파악하지 못하면 그것을 탐구하려는 욕구가 남게 되므로 아직 완전한 행복에 도달했다고 할수 없습니다. 인간의 지성을 완전히 만족시키기 위해서는 인간의 지성이 만물의 근원이자 제1원인인 신의 본질을 인식해야 합니다. 결국 신에 대한 관조를 통해 신을 인식하고 신과 합일을 이루는 사람만이 궁극적인 행복을 누릴 수 있다는 것입니다.

그러나 인간은 현세에서 신의 본질을 완전히 인식할 수 없습니다. 왜냐하면 인간의 이성적 능력만으로는 천사나 신과 같은 영적 존재가 어떤 모습인지 파악할 수 없기 때문입니다. 완전한 행복을 위해 요구되는 신의 본질에 대한 인식은 내세에서 신의 은총에 의해서만 가능합니다. 이처럼 아퀴나스는 인간이 현세에서 완전한 행복에 이를 수 없음을 명확히 제시합니다. 하지만 현세에서 불완전하게 신을 인식하는 것도 부분적이기는 하지만 신을 아는 것이며, 부분적으로는 완전한 행복에 참여하는 것이기 때문에 행복을 위해 중요한 의미를 지닙니다.

아울러 아퀴나스는 덕이 인간의 궁극적 목적인 신으로 안내한다고 생각하였습니다. 그는 아리스토텔레스가 주장한 지적인 덕과 품성적 덕뿐만 아니라 믿음, 소망, 사랑의 종교적 덕의 실천이 필요하다고 보았습니다. 그는 아리스토텔레스가 제시한 덕의 실천만으로는 현세에서의 불완전한 행복에만 도달할 수 있다고 주장합니다. 따라서 완전한 행복에 도달하기 위해서는 우리를 신에게 직접적으로 인도하는 힘을 지닌 종교적 덕의 실천이 중요함을 강조하였습니다. 종교적 덕 중에서 신과 하나가 되기 위해서는 무엇보다 사랑의 실천이 가장 중요하다고 보았습니다.

아퀴나스가 아리스토텔레스가 강조했던 자연적 덕(지적인 덕, 품성적 덕)과 종교적 덕을 강조하는 이유는 무엇 때문일까요? 아퀴나스는 덕을 인간이 바르게 살아가는 데 필요한 좋은 습관으로 보았습니다. 따라서 덕을 지닐 때 인간은 선을 행하고 진리를 향해 나아갈 수 있으며, 이를 통해 행복에 이르게 됩니다. 다시 말해, 자연적 덕의 실천을 통해 인간은 이성의 명령에 따라 도덕적인 행위를 할 수 있고, 참된 선과 진리를 파악할 수 있게 됩니다. 아울러 종교적 덕을 실천함으로써 최고의 선인 신을 향해 나아갈 수 있게 됩니다. 결국 덕은 행복에 이르기 위해 반드시 실천해야 할 중요한 요소입니다.

또한 아퀴나스는 특별한 행위 없이도 행복한 존재는 신밖에 없기 때문에 인간은 행복을 위해 올바른 의지를 갖출 필요가 있다고 주장하였습니다. 올바른 의지를 갖춘다는 것은 다름 아니라 인간의 의지가 최고선이자 완전한 선인 신을 욕구한다는 것을 의미합니다. 결국 인간의 지성이 완전한 선을 이해하고, 인간의 의지가 그것을 욕구해야 신과 하나가 되고 완전한 행복을 이룰 수 있다는 것입니다.

여기서 아퀴나스가 도달 가능하다고 생각하는 행복은 완전한 행복은 아닙니다. 이 현세의 삶 속에서는 완전한 행복의 분유(分有)를 갖는 것, 즉 부분적인 행복은 가능하지만 완전하고 참된 행복을 갖는 것은 불가능합니다. 왜냐하면 행복은 완전하고 충족한 선인데, 현세의 삶에서는 모든 악을 배제시키는 것은 불가능하며, 신의 본질을 이성으로 완벽하게 파악하는 것도 불가능하기 때문입니다. 따라서 현세에서 행복하다는 것의 의미는 미래의 삶에서 획득될 행복에의 희망 때문이거나 혹은 행복의 분유로 인한 것일 뿐입니다.

이러한 아퀴나스의 주장을 따른다면 비록 인간이 현세에서 완전한 행복에 이를 수는 없겠지만, 인간의 도덕적 노력을 통해 완전한 행복에 가까이 다가갈 수 있습니다. 아퀴나스에게 현세의 행복과 내세의 행복이 완전히 분리되어 있는 것은 아닙니다. 아퀴나스는 현세에서도 행복할 수 있다고 주장합니다. 왜냐하면 내세에서 누리게 될 완전한 행복에 대한 희망과 완전한 행복에 일정 부분 참여함으로써 현세에서도 행복을 누릴 수 있기 때문입니다. 따라서 인간은 현세에서 신에게 더 가까이 다가가기 위해 신을 사랑하고 신을 인식하려는 노력뿐만 아니라 덕을 실천하는 삶을 살아야 합니다. 아퀴나스의 행복론을 통해 우리는 덕과 올바른 의지를 갖추고 도덕적인 삶을 사는 것이 완전한 행복에 이르는 지름길임을 깨달을 수 있습니다.

서양 중세 시대에는 무한히 선한 존재인 신이 있었기에 인간은 신을 기준으로 삼아 선을 추구하고 신과 하나가 되는 삶을 추구함으로써 행복에 이를 수 있었습니다. 그러나 근대에 이르러 인간의 이성이 더욱 계몽되고 과학이 발전함으로써 중세의 신 중심적 사고는 인간 중심적 사고로 자연스럽게 변화하게 됩니다. 이러한 시대상의 변화로 인해 행복의 기준과 행복에 이르는 방법 또한 인간이 스스로 찾아 나가야 할 대상이 되었습니다. 근대에는 이러한 경향을 대표하는 철학이 속속 등장하게 됩니다.

이 장에서는 근대 철학자 중 스피노자의 행복론을 가장 먼저 살펴볼 것입니다. 스피노자는 중세 크리스트교에서 강조한 인격신의 존재를 완전히 부정하고 인간이 스스로 행복에 이르는 길을 제시하고 있다는 점에서 행복론의 흐름을 고찰하는 데 중요한 의미가 있습니다. 다음으로 근대 철학 사상이지만 현대까지 가장 꾸준한 영향을 미치고 있는 벤담과 밀의 공리주의 철학을 살펴볼 것입니다. 공리주의는 현대인이 생각하는 행복과 가장 근접한 행복 개념을 사용했을 뿐만 아니라 현대에도 지속적인 영향력을 미치고 있는 철학이라고 할 수 있습니다. 따라서 공리주의 철학 사상에 대해서는 좀 더 자세히 살펴볼 것입니다.

다음으로는 행복을 목적으로 추구하는 공리주의 철학과 가장 대비되는 것으로 평가받는 칸트의 철학을 살펴볼 것입니다. 칸트는 개인의 행복이 아니라 선의지에 따라 도덕적 행동할 것을 강조한 철학자입니다. 하지만 칸트는 결코 행복을 무시하지 않았습니다. 따라서 칸트의 행복론에 대한 고찰을 통해 도덕과 행복의 관계를 더 깊이 이해하는 발판을 마련할 수 있을 것입니다.

4장

행복론의 철학사적 흐름: 근대

01
스피노자의 행복론

신, 즉 자연

근대 합리론을 대표하는 스피노자(Spinoza, 1632~1677)는 네덜란드 암스테르담에서 태어났습니다. 그의 조상들은 유대인이었기 때문에 종교적 탄압을 피하기 위해 비교적 종교적 자유가 보장되었던 네덜란드의 암스테르담으로 이주해 살고 있었습니다.

스피노자는 자신이 유대인임에도 불구하고 인간의 모습을 한 인격신의 존재를 부정하고 무신론적 사상을 주장함으로써 1656년 24살의 나이에 유대교회로부터 파문을 당하였습니다. 젊은 나이에 파문이라는 큰일을 겪었지만, 자신의 학문적 방향에 대한 확신과 강인한 성품으로 남은 삶을 철학을 하며 조용히 보냈습니다. 그는 다행히도 렌즈를 깎는 기술이 있었기 때문에 렌즈를 깎으며 생계를 유지할 수 있었습니다.

스피노자의 대표 저서 『에티카』는 생전에 출판되지 못하고 사후에야 비로소 출판되었습니다. 스피노자의 이름과 그의 저서는 매우 유명하지만 실제로 그의 철학을 이해하기란 쉬운 일이 아닙니다. 특히 『에티카』는 기하학적 증명방식으로 서술되어 있어, 스피노자의 철학을 전혀 모르는 상태의 일반인들이 읽는다면 스피노자의 주장을 쉽게 이해할 수가 없습니다. 그럼에도 불구하고 그는 이 책을 통해 정념의 예속으로부터 벗어나 진정한 자유와 행복에 이를 수 있는 길을 제시합니다.

스피노자의 철학은 사실상 무신론이라 할 수 있는 범신론적 사상을 바탕으로 하고 있습니다. 그는 세계를 창조한 인격신의 존재를 인정하지 않고 신을 자연(세계)으로 보았습니다. 이를 설명하기 위해 스피노자는 중요한 철학적 용어의 개념을 정의합니다. 먼저 실체라는 개념을 정의하는데, 실체란 자신 안에 존재해야 하며 실체의 개념을 정의하기 위해 또 다른 개념을 필요로 하지 않는 것이라고 보았습니다. 스피노자에게 실체란 단 하나밖에 없는데, 그 유일한 실체가 바로 신입니다.

우리는 신을 세상을 창조하고, 상과 벌을 주고, 화도 내고, 때로는 은총도 내리는 존재로 파악하는 인격신의 개념에 익숙해 있습니다. 우리 인간은 누가 만들었을까요? 크리스트교 신자라면 신이 창조했다고 생각할 것입니다. 그렇다면 신은 누가 만들었을까요? 대답하기 곤란할 겁니다. 신은 자기 원인으로 존재하는 것, 즉 다른 존재에 의존하지 않는 존재라야 신이라고 할 수 있기 때문입니다. 따라서 인간을, 또는 인간이 만든 다양한 도구나 사물을 신이라고 할 수는 없을 것입니다.

스피노자는 신을 자연으로 이해하였습니다. 왜냐하면 신은 완전하고 무한한 존재이기 때문에 또 다른 외부의 초월자에 의지함 없이 스스로 자신을 만들고(능산적 자연, 신), 동시에 스스로가 만든 그 무엇(소산적 자연, 양태)이어야 한다고 생각했습니다. 이러한 조건에 맞는 것은 바로 자연밖에 없으므로 그는 '신, 즉 자연'이라고 주장한 것입니다. 스피노자에게 신을 벗어나 신의 외부에 존재하는 존재란 없으며 모든 존재는 신 안에 존재하고, 신 없이는 존재할 수 없습니다. 이러한 의미에서 스피노자에게 신은 초월적 원인이 아니라 내재적 원인입니다.

스피노자는 신이 온갖 속성을 지닌 무한한 존재임을 강조합니다. 그 이유는 신이 만약 유한한 존재라면 신 이외에 또 다른 존재가 있어서 신을 유한한 존재가 되도록 한정해야 하는데, 그러한 초월적 존재가 없다고 생각했기 때문입니다.

이처럼 스피노자가 주장하는 무한한 신은 자연이나 세계 전체를 뜻하는데, 그가 신이 무한하고 유일한 실체라고 주장한 순간 크리스트교의 인격신은 부정됩니다. 크리스트교의 교리에 따르면 자연을 창조한 인격신이 자연을 초월하여 실체로서 존재합니다. 그러나 자연만이 무한하며 유일한 실체라고 주장한다면 자연을 만든 초월적 존재로서의 인격신은 없다는 뜻이 되어버립니다. 이러한 사상 때문에 스피노자는 유대교회에서 파문을 당하게 된 것입니다. 하지만 스피노자의 철학을 이해하기 위해서 일단 인격신 개념을 잠시 잊고 스피노자의 생각을 따라가 봅시다.

그렇다면 인간을 비롯한 다른 존재들은 실체가 아니고 무엇일까요? 스피노자는 인간을 비롯해 신 안에 존재하는 모든 유한한 존재들 각각을 양태(Mode)라고 불렀는데, 양태란 절대적인 존재인 신, 즉 자연의 변용(變容)을 의미합니다. 쉽게 말해 자연을 찰흙으로 비유해보겠습니다. 한번쯤 미술시간에 찰흙을 이용해 무엇인가를 만들어보신 적이 있겠지요. 찰흙이 비록 스스로 변화하지는 않지만 스스로 변화한다고 가정하면, 찰흙은 유일한 실체이며 이것은 다양한 모습으로 바뀔 수 있습니다. 그 다양한 모습이 바로 양태라 할 수 있습니다. 또 컴퓨터 게임에는 다양한 게임 모드(Mode)가 존재하지만 게임 자체가 여러 개라고 할 수는 없을 것입니다. 단지 게임의 모드, 즉 양태가 다양할 뿐인 것이지요. 하지만 찰흙이나 컴퓨터 게임은 스스로 존재하는 것이 아니라 인간이라는 다른 외적인 원인에 의해서 만들어졌기 때문에 신이라고는 할 수 없습니다.

근대 철학자인 스피노자는 우주를 하나의 거대한 자동 기계라고 생각했습니다. 다시 말해, 자연은 뒤죽박죽 아무렇게나 움직이는 것이 아니라 하나의 기계처럼 필연적인 법칙에 의해 운행하고 있다는 것입니다. 여기서 필연이란 우연의 반대말로 모든 일에는 반드시 그것을 일으키는 원인이 존재하며, 원인 없이 결과가 발생한다는 것은 불가능하다는 뜻입니다. 스피노자는 인간을 포함한 모든 존재가 신 안에 포괄

되어 있기 때문에 만물의 존재 방식이나 작용이 신의 본성의 필연성에 의해 결정되어 있다고 보았습니다. 스피노자의 주장에 따르면 지금 내가 한국에 존재하는 것도 다 필연적인 원인에 의한 결과입니다.

이러한 이유로 인간이라면 누구나 지니고 있다고 믿었던 자유의지 또한 부정됩니다. 자연에는 우연이란 없고 그렇기 때문에 인간의 자유의지 또한 없으며 필연만이 존재할 따름입니다. 그런데 우리가 살아가다 보면 우연한 일들이 많이 발생합니다. 하지만 스피노자가 보기에 인간이 우연이라고 생각하는 것이 있다면 그것은 그 일이 발생한 원인을 모르기 때문에 그렇게 생각하는 것입니다.

만약 어떤 일의 원인을 정확히 알고 있었다면 똑같은 일도 필연이라고 생각했을 것입니다. 예를 들어, 어떤 남자 대학생이 짝사랑하는 여자 대학생에게 호감을 얻기 위해 우연을 가장해 그 여학생과 자주 마주치기로 계획했다고 가정해봅시다. 남학생은 여학생의 수업 시간표를 파악해 계속 여학생이 나타날 강의실 근처에서 여학생을 만난다면 남학생에게는 그 사건이 필연이겠지만 여학생에는 우연일 것입니다. 그러나 여학생이 왜 자꾸 자기 앞에 남학생이 나타나는지 그 이유를 인식하게 된다면 그 여학생에게도 우연이 아니라 필연이 될 것입니다.

스피노자는 신에 대한 논의를 통해 행복을 방해하는 잘못된 편견을 비판합니다. 스피노자에 의하면, 모든 것은 신의 본성의 필연성에 의해 일정한 방식으로 존재하고 작용하도록 결정되어 있는데도 불구하고 인간은 자신의 자유의지에 따라 행동한다고 여기는 편견을 지니고 있습니다. 이러한 편견이 생기는 이유는 자신의 욕구를 의식하기는 하지만 그러한 욕구에 사로잡히게 된 원인을 모르기 때문에 그것에 관해 꿈에서도 생각하지 않기 때문입니다.

실제로 주위 사람들이 어떤 연예인을 좋아하니까 덩달아 좋아하면서도 왜 좋아하는지도 모른 채 좋아하거나, 어떤 물건이 꼭 갖고 싶은데 그 이유도 제대로 모르고 남들이 갖고 있으니까 그냥 사고 싶은 경우가 있습니다. 이처럼 무엇인가를 욕구하지만 무엇이 그것을 욕구하도록 만들었는지 그 원인을 모를 때 우리는 자유의지로 선택한 것이라고 둘러댄다는 것입니다.

나아가 스피노자는 자연(신)에는 아무런 목적이 없다고 강조합니다. 스피노자에 의하면 사람들은 인간을 포함한 만물이 항상 어떤 목적이 있다고 착각하며 살아갑니다. 인간은 자신의 행동의 원인이 무엇인지 알려고 하지 않고, 자기의 이익과 같은 어떤 목적을 달성하기 위해 행동한다고 꾸며댄다는 것입니다.

이러한 목적론적인 사고방식으로 인해 인간은 자연에 있는 모든 사물들을 인간의 욕망을 충족하기 위한 수단으로 오해하게 됩니다. 그런데 왜 이러한 편견이 문제가 될까요? 스피노자에 의하면 이러한 편견이 문제가 되는 이유는 인간에게 수단을 마련해준 또 다른 존재가 있다는 미신에 이르게 한다는 점입니다.

예를 들어 미신을 믿게 되면, 사람들이 태풍, 지진 등으로 큰 피해를 입게 되었을 때 인간이 악행을 저질러서 인격신이 분노한 것으로 오해하게 됩니다. 이러한 오해는 참된 인식을 갖는 데 방해가 될 뿐입니다.

또 평소 나쁜 짓을 많이 하는 사람이 사고가 났을 때 그 원인에 대해 숙고하지 않고 그냥 어떤 인격신이 있어서 그의 목적을 이루기 위해 벌을 준 것이라는 미신에 빠지게 될 수도 있을 것입니다. 그런데 이성적으로 생각해보면 나쁜 일은 선한 사람과 악한 사람을 가리지 않고 똑같이 발생하므로 이것은 상상에 불과합니다.

게다가 만약 신이 어떤 목적을 설정하고 그것을 성취하기 위해 인간사에 개입해 활동한다면 신에게 무엇인가 결핍된 부분이 있기 때문일 것인데, 신은 완전한 존재이므로 이러한 생각은 불합리하다는 것입니다. 그럼에도 불구하고 이렇게 미신의 존재를 상상하게 되면 공포감이 생겨 정념에 예속된 삶을 살게 됩니다. 따라서 스피노자는 지복(至福)에 이르는 데 방해가 되는 편견은 바로잡아야 한다고 강조합니다.

코나투스

스피노자는 자신의 존재를 지속시키려는 노력(힘), 즉 코나투스(Conatus)를 존재하는 것들의 현실적인 본질로 파악하였습니다. 물론 인간과 동물, 그리고 식물이 모두 코나투스를 지니지만 자신의 존재를 보존하는 방식은 각기 다르다고 보았습니다. 그는 인간이 자신의 존재를 보존하기 위해서는 외부적 요인에 의해 자신의 행동이 좌지우지되는 것이 아니라, 자기 스스로의 내적인 원인에 의해 결정되도록 해야 한다고 보았습니다. 다시 말해, 인간은 누구나 자기 자신의 존재를 보존하고 지속하기 위해 노력하는데, 이를 위해서는 주위 환경의 변화에 따라 끌려가는 수동적인 삶을 살아서는 안 되며, 스스로의 결정을 통해 자신의 삶을 살아가는 능동적인 삶을 살아야만 합니다. 이러한 사람이 바로 스피노자가 생각하는 진정으로 자유로운 사람이자 행복한 사람입니다.

스피노자는 코나투스가 정신에만 관계될 때에는 의지로 드러나고, 그것이 정신과 신체에 동시에 관계될 때 욕구로 드러난다고 보았습니다. 또한 자신의 욕구를 의식할 수 있는 인간만이 욕망을 지닌다고 보았습니다. 여기서 욕망이란 우리가 의식하고 있는 욕구나 충동을 의미하며, 이것을 빼고는 욕구, 충동과 차이가 없습니다. 스피노자는 이러한 욕구가 코나투스의 다른 이름이자 인간의 본질에 해당하며, 자신의 존재를 지속하는 데 유용한 것에 의해서 더 강화된다고 보았습니다.

나아가 스피노자는 선악의 개념 또한 욕망과의 관련성 속에서 정의합니다. 다시 말해, 인간의 욕구와 무관하게 먼저 객관적인 선이 존재하고 그것을 인간이 욕구해야 한다고 주장하지 않았습니다. 오히려 인간이 자신의 존재를 보존하기 위해 충동을 느끼고 욕구하는 것이 선이며, 그 반대를 악이라고 주장하였습니다. 따라서 선은 기쁨을 유발하는 것이고, 악은 슬픔을 유발하는 것이라 할 수 있습니다.

같은 맥락에서 스피노자는 코나투스를 증대시키는 정서를 기쁨이라고 정의하고, 코나투스를 감소시키는 정서를 슬픔라고 규정하였습니다. 우리를 유쾌하게 만들어주는 것은 우리의 존재를 지속시키는 데 기여하며, 우리를 우울하게 만드는 것은 당연히 우리의 존재를 지속시키는 데 방해가 됩니다. 여기서 알 수 있듯이 인간의 정서는 코나투스, 즉 자신의 존재를 보존하려는 역량의 변화를 표현해줍니다. 스피노자는 자신의 존재를 보존하기 위해 이성으로 욕망을 완전히 제거하라고 주장하는 것이 아니라, 자신의 코나투스를 증대시키는 욕망을 적절히 충족시킴으로써 자신의 존재를 지속시켜 나가야 한다고 강조합니다.

스피노자에게는 욕망, 기쁨, 슬픔 이외에 다른 기본적인 정서는 존재하지 않습니다. 다른 감정들은 기본적 정서에서 파생된 것에 불과하다고 생각했습니다. 예컨대 사랑이나 희망은 기쁨의 정서에서 파생된 것이고, 증오나 공포는 슬픔의 정서에서 파생된 것에 불과합니다. 자신의 존재를 지속시켜 나가기 위해서는 슬픔보다는 당연히 기쁨을 추구해야 합니다. 그러나 자신을 통제하지 못해 기쁨을 지나치게 추구한다면 오히려 자신의 존재를 보존하는 데 큰 방해가 될 것입니다.

인간과 모든 사물, 즉 양태는 서로에게 영향을 주고 영향을 받는 존재입니다. 어떤 사물이나 사람은 나에게 기쁨을 주기고 하고, 어떤 사물이나 사람은 나에게 슬픔을 안겨 주기도 합니다. 그렇다면 나에게 기쁨을 유발하는 모든 것이 다 나의 코나투스를 증대시키는 것일까요? 스피노자는 기쁨의 정서를 '쾌감'과 '유쾌'라는 두 가지로 구분합니다. 쾌감은 육체 일부분이 자극되어 기쁜 것이고, 유쾌는 육체 전체가 변화되어 기쁜 것입니다. 예를 들어, 술과 같이 입에는 정말 자극적이고 쾌감을 주는데 실제로 건강에는 안 좋은 음식들이 많이 있습니다. 이와 같이 육체의 특정 부분만 자극하는 것은 반드시 코나투스를 증대시키는 것은 아닙니다. 이에 반해, 열심히 공부해 대학이나 직장의 합격 통지서를 받았을 때 육체 전체가 날아갈 듯 기쁠 것입니다. 이렇게 유쾌함을 느끼는 경우는 항상 선한 것이며, 유쾌함이라는 정서는 항상 우리의 코나투스를 증대시킵니다.

슬픔의 경우도 마찬가지입니다. 스피노자는 슬픔의 정서를 '고통'과 '우울'이라는 두 가지 정서로 구분합니다. 고통은 육체의 일부가, 우울은 육체 전체가 변화되어 나타난 정서를 의미합니다. 예를 들어 위암에 걸렸을 경우 위의 특정 부분만 수술로 절제하는 고통을 수용함으로써 건강을 유지할 수도 있습니다. 즉, 고통은 반드시 코나투스를 감소시키는 것은 아닙니다. 하지만 우울이라는 정서는 항상 악이며, 우리의 코나투스를 감소시킵니다. 따라서 욕망을 추구할 때 적절하게 추구하는 것이 필요합니다.

자신의 코나투스를 증대시키고 자유인으로서 행복한 삶을 살기 위해 우리는 우리의 정서가 어떻게 발생했는지 그 원인에 대해 타당한 인식을 갖아야 합니다. 왜냐하면 정서는 인간의 다른 능력을 무력화시킬 수 있을 정도로 강력한 힘을 발휘하기 때문입니다. 특히 맛있는 것을 먹고 싶은 욕구, 음주에 대한 욕구, 성적 욕구, 부와 명예에 대한 욕구 등은 인간이 무기력하고 예속된 삶을 살도록 만듭니다. 이러한 욕구에 사로잡혀 버리면 우리는 정념에 휘둘리는 삶을 살 수밖에 없습니다. 예속이란 바로 인간이 자신의 정서를 통제하지 못하고 자기원인으로 행동하지 못하는 무능력한 상태를 의미합니다. 반대로 자신의 정서를 통제할 수 있는 능력을 갖춘 상태가 바로 자유입니다.

여기서 스피노자의 중요한 생각을 알 수 있는데, 인간이 자신의 정서를 통제하지 못하고 그것에 휘둘리는 삶을 살아서는 안 된다는 것입니다. 이러한 삶은 자유로운 삶이 아니라 정서의 노예가 된 예속된 삶이며 불행한 삶입니다.

스피노자는 우리가 통제하는 못하는 정서를 수동적인 정서라고 불렀습니다. 우리의 정신에는 이성도 있고 감정도 있는데, 이성과 달리 감정은 내가 표출하는 것임에도 불구하고 제대로 통제되지 않는다는 특징이 있습니다. 그래서 감정이나 정서가 격해져서 실수를 하게 되기도 합니다. 또는 남들이 화를 내니까 나도 모르게 덩달아서 화를 내는 경우도 있습니다. 이러한 경우 나중에 이성적으로 다시 생각해보면 '내가 왜 그랬을까'하는 후회가 들 것입니다. 이처럼 우리가 만약 수동적인 정서에 사로잡혀 그것을 통제하지 못하는 무능력한 삶을 산다면 자유로운 삶, 즉 행복한 삶에 도달할 수 없을 것입니다.

행복에 이르는 방법

어떻게 살아야 인간이 정념, 즉 수동적 감정의 예속에서 벗어나 자유인으로서 행복한 삶을 살 수 있는 것일까요? 스피노자는 이를 위해 이성의 역할이 필수적으로 요구된다고 보았습니다. 그가 생각하기에 사물을 있는 그대로 파악할 수 있는 것은 바로 이성이기 때문에 이성을 통해 사물이 우연적으로 존재하는 것이 아니라 필연적으로 존재한다는 사실을 파악해야 한다고 보았습니다.

스피노자는 세계의 본성을 파악하지 못하고 인간이 자유의지를 지니고 있다고 착각하거나 상상력을 발휘해 미신을 상정하는 것과 같은 그릇된 인식을 통해서는 행복에 도달할 수 없다고 보았습니다. 따라서 스피노자는 정념의 예속에서 벗어나 행복에 이르기 위해서는 이성을 통해 자연의 필연적 법칙, 즉 신의 본성의 필연성을 인식해야 한다고 주장합니다. 외부적 요인에 따라 수동적으로 이끌려 살아가는 것이 아니라 이성으로 자신의 정념을 통제하며 살아가야 한다는 것입니다. 이러한 태도를 스피노자는 덕이 있는 삶이라고 보았습니다.

결국, 스피노자가 말하는 자유인으로서의 행복한 삶을 결정하는 것은 신에 대한 참된 인식을 갖고 있는지의 여부라고 할 수 있습니다. 참된 인식을 통해 행복에 도달할 수 있다고 주장한 점은 스피노자 철학의 특징이기도 합니다. 스피노자는 인간이 신의 일부이기 때문에 필연적 법칙의 지배를 받으므로 자유의지를 지닐 수 없다고 보았습니다. 하지만 인간의 자유까지 부정한 것은 아닙니다. 그는 세계의 필연적 법칙을 이해하고 그것을 수용함으로써 원인도 모른 채 세계의 질서에 이끌려 사는 예속된 삶에서 벗어난 상태를 자유로 보았습니다.

스피노자는 어떤 결과가 있을 때 그 원인을 잘 모르는 경우, 아니면 부분적으로만 알 경우를 타당하지 못한 인식을 지닌 것으로 보았습니다. 그는 이와 같은 그릇된 인식이 정념을 일으키는 원인이자 예속된 삶을 살게 만드는 원인이라고 생각했습니다. 따라서 인간이 이성을 통해 세계가 필연적 인과법칙의 지배를 받는다는 올바른 인식을 지니게 된다면 인간은 더 이상 정념에 의해 좌우되지 않고, 자기 존재를 보존하기 위한 노력을 계속할 수 있게 됩니다.

예를 들어 생각해봅시다. 어떤 교사가 학급에서 매일 사고를 치는 어떤 학생을 보고 미워하는 감정에 사로잡혀 있다고 생각해봅시다. 다시 말해 교사가 슬픔에서 파생된 증오의 감정을 느끼고 있다고 가정해봅시다. 교사는 그 학생을 악한 학생이라고 단정하고 '하늘은 뭐 하나 저런 놈한테 벌도 안 주고'라며 그 학생이 왜 그러한 행동을 하는지 이해하려고 결코 노력하지 않을 수 있습니다. 이렇게 미움의 감정에 휘둘리게 되면 그 학생과 눈도 안 마주치려 할 것이고 매일 들어가야 할 교실에서 마음의 평정과 자유를 찾을 수 없게 됩니다. 더 나아가 그 학생에게 해를 끼치고자 노력하게 됩니다. 결국 증오, 즉 슬픔의 감정으로 인해 자신의 코나투스가 감소될 것이고 정념에 예속된 삶을 살게 됩니다.

반대로 교사가 세계는 필연적인 인과법칙에 의해 지배된다는 인식을 갖고 그 학생이 나쁜 행동을 하는 데에는 반드시 원인이 있을 것이라고 생각할 수도 있을 것입니다. 이러한 마음으로 교사가 학생을 상담해보니 경제적 빈곤과 가정 폭력에 시달리는 등 그럴 만한 원인이 있었다는 것을 알게 되었다고 가정해봅시다. 결국 그 학생 또한 그럴 수밖에 없었던 필연적인 상황이었음을 이해하게 되면 그 학생에 대한 미움의 정서는 사라지고 마음의 평정과 자유를 찾을 수 있을 것입니다. 더 나아가 그 학생을 사랑하게 된다면 교사는 그 학생에게 선을 베풀기 위해 노력할 것입니다.

행복하게 살기 위해서는 눈앞에서 벌어지는 사소한 사건 자체에 너무 집착해 그 사건의 원인에 대해서는 생각하려 하지도 않으면서 미워만 하고 있어서는 안 됩니다. 혹시 누군가가 나를 미워한다는 사실을 알았을 때, '나는 잘못이 없는데 왜 저렇게 행동할까'라고 생각한다면 오히려 상대방을 더 미워하게 될 뿐입니다. 행복을 얻기 위해서는 신의 본성의 필연성이라는 큰 틀에서 세상을 바라볼 줄 아는 혜안이 요구됩니다.

이처럼 자신의 이성을 토대로 세계가 인과법칙에 의해 지배되고 있음을 이해하고 우리에게 벌어지는 사건에 대해 올바른 인식을 갖는다면 우리들의 존재를 유지하는 데 방해가 되는 정념의 굴레에서 벗어날 수 있습니다. 왜냐하면 신의 질서를 이해하지 못할 때 우리는 원인 모를 정서에 의해서 수동적으로 휘둘릴 수밖에 없지만 신의 질서를 이해하게 되면 우리는 그것에 억지로 끌려 다니지 않고 내가 진정으로 원하는 욕구를 적절히 충족시켜 나갈 수 있기 때문입니다.

우리가 가장 큰 기쁨을 느낄 수 있는 인식의 대상은 무엇일까요? 우리의 정신은 다름 아닌 신을 인식할 때 가장 큰 기쁨을 느낄 수 있습니다. 그래서 스피노자는 최고의 덕을 신을 인식하는 것이라고 주장하였습니다. 스피노자는 행복에 필요한 태도를 한 마디로 '신에 대한 지적인 사랑(amor Dei intellectualis)'이라고 표현하였습니다. 신에 대한 지적인 사랑은 직관지를 발휘해 자연을 이성적으로 관조함으로써 모든 것이 신의 본성의 필연성에서 비롯됨을 인식하게 되면 생겨나는 것입니다.

우리는 신의 본성의 필연성을 인식함으로써 신이 곧 자연이며, 나 또한 자연의 일부이므로 자신과 신이 하나라는 깨달음을 얻을 수 있을 것입니다. 아울러 삶을 살아감에 있어서 내가 곧 신의 일부이므로 신의 필연적 질서를 항상 염두에 두면서, 즉 신의 관점에서 세상을 보고 세상을 살아가야 합니다.

결국 스피노자의 주장은 인간이 지니고 있는 이성을 가능한 완전하게 발휘해 자연의 인과법칙을 올바르게 인식하고 그것에 따르는 덕 있는 삶을 살려고 노력해야 한다는 것입니다. 이렇게 살아갈 때, 우리는 우리를 구속하는 정념의 예속과 혼란한 마음 상태에서 벗어나 자유인으로서의 행복한 삶을 살 수 있을 것입니다.

02
칸트의 행복론

도덕적 행위

칸트(Kant, 1724~1804)는 동프로이센의 쾨니히스베르크에서 태어나 평생을 독신으로 이 지방 부근에서 살았습니다. 마을 사람들이 칸트가 산책하는 것을 보고 시계를 맞추었다는 일화가 있을 정도로 규칙적인 생활을 했던 것으로 유명합니다. 칸트는 오늘날 널리 알려진 수많은 철학자 중에서도 위대한 철학자로 평가받는 사람입니다. 특히 윤리학 분야에서 그의 의무론은 오늘날까지도 공리주의와 덕 윤리와 함께 윤리학의 한 축을 담당하고 있습니다.

칸트는 많은 사람들에게 행복주의에 대한 비판자로 유명합니다. 칸트의 의무론은 최대 다수의 최대 행복을 강조하는 공리주의 이론과 자주 비교되곤 합니다. 공리주의는 행복이라는 결과를 최대한 많이 산출하는 행위를 옳은 행위로 보지만, 칸트는 어떤 행위가 행복을 산출하였다는 이유로 도덕적 가치를 지닌다고 보지 않습니다. 그는 행위가 초래한 결과가 나쁘더라도 행위의 동기만 선하다면 도덕적 행위로 간주합니다. 그렇다고 칸트가 인간의 행복을 무시했다고 평가한다면 그것은 칸트 사상에 대한 오해입니다. 그의 사상을 살펴보면서 이러한 오해를 풀어봅시다. 아울러 칸트의 도덕 이론을 이해하는 것은 그의 행복론을 이해하기 위해 반드시 필요한 과정입니다.

먼저 칸트가 결과보다 동기를 중시한다는 말은 어떤 의미일까요? 예를 들어, 명절에 어머니가 음식 장만하시랴 설거지하시랴 고생하는 모습을 본 고등학생 아들이 설거지를 돕겠다고 열심히 설거지하고 계시는 어머니 옆으로 왔다고 가정해봅시다. 어머니는 아들에게 공부나 하라고 하면서 혼자 계속 설거지를 하였습니다. 이때 아들이 자기가 하겠다고 어머니를 살짝 밀쳤는데 쌓아놓은 그릇이 왕창 깨졌다면 아들의 행동은 도덕적인 행동일까요?

우선 결과를 고려하여 판단해봅시다. 아들은 설거지를 도우려다가 오히려 그릇을 깨는 바람에 더 많은 일거리를 만들었습니다. 결과적으로 어머니를 더 힘들게 만든 것입니다. 따라서 이 행동은 도덕적인 행동이 아니라고 할 수 있습니다. 반대로 동기를 고려해봅시다. 동기가 어머니를 도우려는 마음에서 나왔으니 도덕적 행위라고 생각하기 쉽습니다. 그러나 칸트는 의무의식에서 나온 동기와 그렇지 못한 동기를 구분합니다. 그는 의무의식에서 비롯된 동기에 따른 행위만을 도덕적 가치가 있다고 평가합니다.

다시 예로 돌아가서, 학생이 만약 어머니에게 칭찬이나 인정을 받고 싶어서, 아니면 용돈을 받고 싶어서 어머니를 도우려 했다면 칸트가 보기에 그러한 행동은 결코 도덕적 가치가 있는 행동이 아닙니다. 한 정치인이 자신이 출마한 선거에서 당선되기 위해 갑자기 불우이웃 돕기와 같은 선행을 한다면 그 행동을 진정한 선행이 아니라고 판단하는 것과 같습니다. 이러한 행위는 칭찬, 용돈이라는 또 다른 목적을 위해서 하는 행위로 도덕적 행동 자체가 목적이 아니라 칭찬과 용돈을 받기 위한 수단일 뿐입니다.

또 어머니가 힘들게 일하는 것이 불쌍해서, 즉 동정심에서 어머니를 도왔다고 생각해봅시다. 그렇다면 이번에는 선한 행동이라고 할 수 있을까요? 실제로 많은 사람들은 동정심에서 빈곤국의 어린들을 후원하고, 불우한 이웃들을 위해 기꺼이 성금을 내곤 합니다. 그러나 이러한 행위도 칸트가 보기에 도덕적 행위가 아닙니다. 왜 그렇게 생각했을까요?

이 질문에 답하기 전에 또 다른 질문을 해보겠습니다. 우리는 왜 도덕적으로 살아야 할까요? 이 질문의 답과 먼저 한 질문의 답은 사실상 같습니다. 매우 쉬운 질문이지만 막상 대답하기 곤란한 질문입니다. 좀 더 쉽게 답할 수 있도록 질문을 바꿔보겠습니다. 우리는 왜 길에서 지갑을 주우면 주인을 찾아주어야 할까요? 칭찬받기 위해서 일까요, 아니면 돈을 잃어버린 주인에게 동정심을 느껴서일까요? 아니면 사회를 도덕적으로 변화시키는 것이 우리에게 이익이 되기 때문일까요?

칸트의 대답은 의외로 간단합니다. 그렇게 행동하는 것이 옳기 때문입니다. 인간이 도덕적으로 살아야 하는 것은 다른 이유가 없습니다. 왜냐하면 만약 다른 이유가 있다면 도덕적 행동 자체가 목적이 되지 못하고 다른 이유를 위한 수단으로 전락하기 때문입니다. 예를 들어 어떤 고등학생이 열심히 교실 청소를 하는 이유가 학교에서 봉사상을 받기 위해서라면 열심히 청소하는 행동, 즉 도덕적으로 보이는 이 행동은 단지 봉사상이라는 목적을 성취하기 위한 수단일 뿐입니다. 열심히 청소하는 것이 옳기 때문에, 지갑을 주우면 주인을 찾아주는 것이 옳기 때문에, 빈곤국의 어린이를 돕는 것이 옳기 때문에 해야겠다는 동기를 갖고 행위를 할 때만 그 행동은 도덕적 가치를 갖게 됩니다.

따라서 칸트가 생각하는 도덕법칙은 정언명령으로 표현됩니다. 정언명령은 조건이 없는 무조건적 명령을 의미하는 말이고, 반대로 가언명령은 조건, 또는 어떤 목적이 따로 있는 명령을 의미합니다. 예컨대 '봉사상을 받기 위해서는 열심히 청소하라'는 명령은 '봉사상을 받기 위해서는'이라는 조건이 앞에 붙어 있으며, 봉사상을 받는 것이 목적이므로 가언명령입니다. 이러한 가언명령은 청소하는 행위, 즉 도덕적 행위 자체가 목적이 아니라 수단으로 전락하므로 도덕법칙이 될 수 없습니다.

반면에 '(청소 시간에 열심히 청소하는 것은 옳은 행위이므로) 열심히 청소하라'는 것은 '~하기 위해'라는 다른 목적이나 '~하려면'이라는 조건이 없으며, 청소하는 도덕적 행위 그 자체가 목적이므로 정언명령이라고 할 수 있습니다. 두 가지 명령의 가장 큰 차이는 전자는 봉사상 때문에 도덕적 행동을 하는 것이고, 후자는 청소하는 행위 그 행위 자체가 옳기 때문에 도덕적 행동을 하는 것입니다.

칸트는 옳기 때문에 해야 한다는 행위의 동기를 의무의식이라고 표현하였습니다. 칸트는 인간은 이성이 있기 때문에 어떤 행위가 옳은 행위인지 알 수 있는데, 옳은 행위가 무엇인지 파악하고 나 자신에게 그 행동을 명령하는 이성을 '실천이성'이라고 불렀습니다. 칸트는 의무의식을 그 자체로 옳은 내용을 담고 있는 도덕법칙에 대한 존경심 때문에 도덕법칙에 맞는 행위를 할 수밖에 없는 필연성이라고 정의합니다. 따라서 도덕적 행위란 그 행위의 동기가 실천이성의 명령, 즉 의무의식에서 비롯된 행위를 의미합니다. 칸트는 이렇게 옳기 때문에 해야 한다는 동기를 다른 말로 '선의지'라고도 표현합니다. 따라서 선의지에서 비롯된 모든 행위는 도덕적 가치를 갖는다고 할 수 있습니다.

칸트 사상에서 많은 오해를 일으키는 부분이 바로 동정심이 동기가 되어 선한 행동을 한 경우입니다. 이를 이해하기 위해 칸트의 이론을 정리해보겠습니다. 칸트가 보기에 인간은 두 가지 동기에 의해 행동합니다. 하나는 자연적인 경향성이고 다른 하나는 의무의식입니다. 예를 들어 아무도 없는 복도를 지나가다가 우연히 만 원을 주웠을 때 그것을 갖고 싶은 자연스러운 욕망과 충동이 생깁니다. 이것이 바로 경향성입니다. 하지만 동시에 주인을 찾아주는 것이 옳은 행동이니 주인을 찾아주어야겠다는 생각도 하게 됩니다. 주인을 찾아주려는 마음은 자연스러운 욕망이라기보다는 하기 싫어도 해야만 하는 이성의 명령입니다. 이처럼 자연스러운 욕망과 반대되는 이성의 명령을 의무의식이라고 합니다. 여기서 의무의식이란 용어는 반드시 하고 싶지는 않지만 명령에 따르는 것이 옳기 때문에 하는 것이므로 '의무'라는 표현을 사용한 것입니다.

다시 동정심이 동기가 되어서 베푼 선행에 대해 생각해봅시다. 어떤 동정심이 많은 의사가 아프리카의 빈곤국에서 고통받고 있는 어린 아이들이 너무 불쌍해서 아프리카로 봉사를 떠났다고 가정해봅시다. 의사 자신에게 돌아오는 물질적 이익이라고는 전혀 없고, 단지 어린아이들이 고통에서 벗어나 기뻐하는 모습을 보면서 자신도 함께 기쁜 마음이 들 뿐입니다. 우리는 이러한 행위를 하는 의사를 보면 훌륭한 의사라고 칭찬할 것입니다. 그러나 칸트가 보기에 이 의사의 행동은 칭찬은 받을 수 있을지 몰라도 도덕적으로 존중받을 수 있는 행동은 아닙니다. 왜 도덕적 행동이 아닐까요?

칸트는 동정심이 동기가 되어 봉사를 한 의사의 행동은 명예욕 때문에 선행을 베푸는 사람과 본질적으로 다르지 않다고 주장합니다. 어떤 사람이 가난한 사람을 위해 재산을 기부하고, 봉사활동도 했는데, 그 이유가 자신의 명예욕을 달성하기 위해서라면 우리는 그 사람을 칭찬할 수 있을지는 몰라도 도덕적으로 존중하지는 않을 것입니다.

같은 이유로 동정심 많은 의사의 행동도 도덕적 존중의 대상이 될 수 없습니다. 왜냐하면, 명예욕 때문에 선행을 한 사람이나 동정심으로 선행을 한 의사나 모두 경향성에 따라 행위를 한 것이지 의무의식에 따라 행위를 한 것이 아니기 때문입니다.

칸트에 의하면, 오히려 타인의 고통에 동정심을 못 느끼는 냉정한 사람일지라도 의무의식을 갖고 선행을 한다면 그것이 오히려 도덕적인 행동입니다. 다시 말해, 고통받고 있는 사람을 돕는 것은 옳은 행위이기 때문에 나는 그 행위를 해야 한다는 의무의식에서 행위를 했을 경우만이 도덕적이라고 할 수 있다는 것입니다. 만약 동정심 많은 의사처럼 동정심을 느끼면 선행을 하고, 동정심을 못 느끼면 선행을 하지 않는 것은 진정한 도덕이 될 수 없습니다. 게다가 만약 동정심이 많은 사람의 경우 도둑질을 하는 사람에게 동정심을 느끼는 경우가 생긴다면, 그는 도둑이 불쌍해서 도둑질을 하는 것을 도와줄 수도 있습니다. 이러한 이유 때문에 칸트는 오직 의무의식에서 비롯된 행위만을 도덕적 가치가 있다고 주장한 것입니다.

여기서 우리는 칸트에게 있어서 도덕적 선과 행복은 동일한 개념이 아니며, 행복보다 도덕적 선 그 자체를 더 중시한다는 사실을 알 수 있습니다. 왜냐하면 행복을 위해 어떤 도덕적 행동을 한다고 해도 그 행위의 진짜 목적은 도덕적 행동이 아니라 행복이기 때문입니다. 따라서 칸트가 보기에 공리주의나 에피쿠로스처럼 행위의 목적을 도덕이 아니라 행복이나 쾌락으로 설정한다면 그러한 행위는 도덕적 가치가 없습니다. 칸트는 행위의 동기를 중시함으로써 우리가 행위의 동기를 고려하지 않고 그 결과만 보고 도덕적 행동이라고 판단하는 행위들이 반드시 도덕적인 것은 아니라는 사실을 잘 알려주었습니다.

칸트는 이러한 주장을 바탕으로 인간 존엄성의 근거를 제시하였습니다. 그는 인간의 존엄성을 강조하면서 이성적 존재인 인간을 목적으로 대우해야 하며 수단으로만 대우해서는 안 된다고 역설하였습니다. 그렇다면 인간이 특별히 존엄한 이유는 무엇일까요? 인간은 비성적인 동물과 달리 단지 자연적 욕망에 의해서만 행동하지 않습니다. 만약 옳은 일이 무엇인지 알면서도 욕망에 따라 행동하는 자신을 바라본다면 인간은 자존감에 큰 상처를 받게 됩니다. 이성적 존재인 인간은 누가 강제하지 않아도 자율적으로 욕망의 유혹에서 벗어나 자신의 의지로 옳은 행위를 할 수 있는 존재입니다. 다시 말해, 자신의 행복을 포기하고서라도, 더 나아가 자신의 목숨을 바치면서까지도 도덕법칙에 따라 옳은 행동할 수 있는 유일한 존재인 것입니다. 따라서는 인간은 이성이 없는 동물과 달리 존엄한 존재이며, 단지 수단이 아니라 목적으로 대우해야 하는 것입니다.

이러한 이유로 칸트는 자살을 반대합니다. 우리는 타인뿐만 아니라 나 자신도 목적으로 대우해야 합니다. 그런데 자살을 하는 이유를 생각해보면, 사는 것이 너무 힘들고 고통스럽기 때문에 고통에서 벗어나기 위해 자살을 선택하게 됩니다. 그러나 자살은 극심한 고통을 피하기 위한 수단으로 자신의 생명을 포기하는 행위에 불과합니다. 이는 자기 자신을 수단으로만 대해서는 안 된다는 도덕법칙을 어긴 행위이기 때문에 결코 도덕적 행위라 할 수 없습니다. 이처럼 칸트는 자기 자신을 포함해 이성적 존재인 인간이 결코 돈이나 다른 물질적 가치로 환원될 수 없는 존엄한 존재임을 강조하였습니다.

결과와 동기

우리는 앞서 칸트가 행위의 결과가 아니라 행위의 동기를 도덕성을 판단하는 기준으로 삼고 있음을 살펴보았습니다. 그렇다면 왜 우리는 결과가 아니라 동기를 도덕성을 판단하는 기준으로 삼아야 하는 것일까요? 우리는 일반적으로 타인의 이익이나 공익을 증진시키는 행위를 옳은 행위라고 생각하는데, 동기를 기준으로 판단한다면 공익을 증진시킨 행위라 할지라도 그 행위들이 반드시 옳은 행위가 될 수 없습니다. 다음 예시를 통해 결과와 동기 중에 무엇이 도덕적 선악을 판단하는 기준이 되어야 옳은지 생각해봅시다.

허리가 굽은 어떤 할머니가 지하철에서 내려서 높은 계단을 올라가야 하는 상황이라고 가정해봅시다. 그런데 설상가상으로 그 할머니가 양손에 짐 보따리를 잔뜩 들고 있고, 엘리베이터도 고장이 난 상황입니다. 이 상황에서 그 할머니를 목격했다면 우리는 어떤 행동을 해야 할까요? 곤란에 처한 사람을 돕는 것이 옳은 일이므로 당연히 할머니의 짐을 들어 드려야 할 것입니다. 그런데 만약 실수로 계단을 반쯤

올라가다가 짐을 놓쳐서 짐 속에 들어 있던 김치가 바닥에 떨어지는 바람에 하나도 못 먹게 되었다고 생각해봅시다. 할머니는 김치가 아까워서 이러지도 저러지도 못하는 안타까운 상황이 발생했다면, 우리는 이러한 행위를 도덕적 행위로 볼 수 있을까요?

우리가 만약 결과만으로 도덕적 선악을 판단한다면 동기가 선하든 악하든 결국 짐을 놓쳐서 김치를 먹지 못하게 만들었으므로 도덕적 행위라고 판단할 수 없습니다. 그러나 동기만을 고려해 판단한다면, 할머니에게 칭찬받으려 했거나 자신에게 어떤 이익이 생길 것을 기대해서가 아니라 단지 그것이 옳기 때문에 한 행동이기 때문에 도덕적 행동이라고 할 수 있습니다. 결과를 고려해 도덕성을 판단하는 것이 맞을까요, 아니면 동기를 고려해 도덕성을 판단하는 것이 맞을까요?

또 다른 예시를 들어보겠습니다. 만약 일제 강점기에 독립군이 우리 집에 와서 지금 일본군에게 쫓기고 있으니 숨겨 달라고 간청했다고 가정해봅시다. 우리는 독립군을 살리기 위해 장독대로 독립군을 데리고 가서 가장 큰 항아리에 그 독립군을 숨겨줄 것입니다. 그런데 얼마 지나지 않아 일본군이 나타나서 우리에게 질문을 합니다. "혹시 도망가는 독립군을 보지 못했나?"라고 물으면, 이 질문에 어떻게 답해야 할까요? 거짓말을 해야 할까요, 아니면 사실대로 말해야 할까요?

칸트는 어떠한 상황에서도 거짓말을 하지 말아야 한다고 주장합니다. 혹시 거짓말은 나쁘지만 이러한 경우의 거짓말은 선의의 거짓말이므로 해도 된다고 생각할 수 있습니다. 우리말로는 선의의 거짓말이지만 영어로는 화이트 라이(White Lie)라고 합니다. 선의의 거짓말이라는 용어로 인해 우리가 보기에는 선한 의지라고 생각할 수 있지만 칸트처럼 엄격한 기준에서 본다면 거짓말을 하는 것은 선한 의지에서 비롯된 행동이라고 할 수 없습니다.

그럼에도 불구하고 이러한 상황에서 우리는 왜 선의의 거짓말을 하는 것이 더 옳다고 생각하기도 할까요? 그것은 결과를 미리 예상하고 행동하기 때문입니다. 다시 말해, 우리가 사실대로 말한다면 독립군은 일본군에게 잡혀가서 죽게 된다고 판단했기 때문입니다. 즉, 나쁜 결과를 미리 예측하고 그 결과를 피하기 위해서 거짓말을 한 것입니다.

칸트는 개인이 어떤 행동을 할 때 스스로 설정한 자신만의 행위 원칙을 준칙이라고 불렀습니다. 그런데 자신의 행위 원칙인 준칙이 도덕법칙이 되기 위해서는 보편화 가능해야 한다고 보았습니다. 예를 들어 어떤 사람이 돈을 주웠을 때, 현금일 경우에는 자기가 갖고, 수표일 경우에만 돌려준다는 자신만의 준칙을 바탕으로 행동한다고 가정해봅시다. 이러한 행위 원칙은 당연히 보편화 불가능합니다. 보편화 가능하다는 말은 이성을 지닌 존재라면 누구나 인정할 만한 내용이어야 한다는 말입니다. 왜냐하면 돈을 잃어버린 주인의 입장에서 생각해보거나 상식적으로 생각해보아도 이 준칙은 보편화 불가능합니다. 물론 자신의 준칙이 보편화 가능한지 아닌지 다른 사람들에게 물어볼 필요는 없습니다. 이것은 누구나 지니고 있는 이성을 토대로 스스로 판단할 수 있습니다.

그렇다면 선의의 거짓말은 보편화 가능할까요? 나쁜 결과가 예상되면 거짓말을 해도 된다는 준칙은 보편화될 수 없습니다. 예를 들어, 어머니가 암에 걸렸다고 생각해봅시다. 의사가 가족을 불러 어머니가 말기 암에 걸려 한 달 정도 살 수 있는데, 이 사실을 어머니에게 전달하면 더 건강이 악화될 수 있으므로 가족들이 판단해서 알려줄지 말지 결정하라고 했다고 가정해봅시다. 그런데 어머니가 자식을 불러서 자신이 무슨 병에 걸렸냐고 묻는다면 우리는 거짓말을 해야 할까요, 사실을 말해야 할까요? 사실대로 말해서 남은 기간을 뜻깊게 보내도록 하는 것이 옳을까요, 아니면 건강이 더 악화될 수도 있으니 거짓말을 해야 할까요?

이러한 상황에서 선의의 거짓말을 하는 것은 보편화 불가능합니다. 왜냐하면 어머니가 남은 생을 의미 있게 보내도록 하기 위해 거짓말을 하는 것이 옳지 않다고 생각하는 사람도 많이 있을 수 있기 때문입니다. 이처럼 선의의 거짓말은 악의가 없어 보이기는 하지만 보편화 가능하지 않기 때문에 도덕적 행위라고 할 수 없습니다. 게다가 인간은 신이 아니기 때문에 앞으로 발생할 결과를 정확히 예측할 능력은 없습니다. 일본군에게 독립군이 어디에 숨어 있는지 사실대로 말한다고 해서 반드시 독립군이 죽는다고 볼 수 없습니다. 오히려 독립군이 일본군이 오는 소리를 듣고 먼저 일본군을 제압할 수도 있습니다. 또한 암에 걸린 어머니에게 거짓말을 한다고 해서 반드시 어머니의 건강이 더 악화된다고 할 수 없습니다.

우리에게는 결과를 예측할 능력이 없는데도 결과를 기준으로 도덕적 선악을 나누는 것은 불합리합니다. 우리가 마음대로 할 수 있는 것은 행위의 결과가 아니라 어떤 행동을 하기 앞서 자신의 의지를 자유롭게 결정하는 것뿐입니다. 따라서 도덕적 책임을 묻기 위해서는 항상 자유의지가 전제되어야 하며, 스스로 결정한 의지를 기준으로 선악을 평가해야 합니다. 자신이 어떻게 할 수 없는 결과에 대해 도덕적인 책임을 묻는 것은 타인이 한 악행에 대해 책임지라고 하는 것과 다를 바가 없는 것입니다.

예를 들어, 은행에 돈을 찾으러 갔는데 갑자기 은행 강도가 총을 들고 들어왔다고 생각해봅시다. 은행 강도가 하필이면 나에게 총을 겨누면서, 자신이 준비해온 가방에 은행에 있는 돈을 다 담으라고 시켰다고 생각해봅시다. 우리는 살기 위해 어쩔 수 없이 가방에 돈을 담아야만 할 것입니다. 그러나 상식적으로 우리는 이러한 경우 강도를 도와준 행위에 대해 도덕적 책임을 묻지 않습니다. 왜냐하면 그것은 자신의 자유의지로 행동한 것이 아니라 강제에 의해서 행동한 것이기 때문입니다. 우리가 도덕적으로 책임질 수 있는 부분은 사실상 결과가 아니라 우리의 의지, 동기밖에 없습니다. 하지만 나의 의지는 고려하지 않고 결과를 기준으로 강도를 도운 행위의 책임을 묻는다면 그것은 매우 억울할 것입니다. 따라서 칸트는 동기를 도덕적 행동의 판단 기준으로 삼는 것입니다.

최고선과 행복

칸트는 행복을 인간의 자연적인 욕망이 충족된 상태로 보았습니다. 칸트는 자연적인 욕망을 경향성이라고 불렀으므로, 이를 반영해 행복을 다시 정의하면 행복은 모든 경향성이 충족된 상태를 의미한다고 할 수 있습니다. 그런데 칸트는 자연적인 경향성이 아니라 의무의식에 따라야 한다고 주장한 사상가입니다.

많은 사람들이 오해하고 있지만 칸트가 무조건적으로 행복을 반대한 것은 아닙니다. 오히려 그는 행복과 도덕이 양립할 수 있다고 보았습니다. 다시 말해, 행복을 추구하는 것은 당연한 것이지만 단지 도덕적인 문제가 발생한 상황에서 행복을 추구하기 위해 우리가 행해야할 도덕적 의무를 포기해서는 안 된다는 것입니다. 칸트는 도덕적 의무와 행복 추구가 상충하지 않을 경우, 행복을 우리들이 추구해야 할간접적인 의무로 보았습니다.

칸트는 1788년에 저술한 『실천이성 비판』에서 우리가 추구해야 할 '최고선(완성된 선)'과 도덕의 문제를 상세히 밝히면서 행복에 대한 자세한 논의를 하고 있습니다. 그는 최고선, 즉 완성된 선은 두 가지 요소로 구성되어 있다고 보았습니다. 하나는 덕(최상선)이고, 다른 하나는 행복입니다. 여기서 덕이란 육체적 욕구, 충동과 같은 자연적 경향성의 유혹을 극복하고 옳은 일을 실천할 수 있는 도덕성을 의미합니다. 칸트의 도덕에 대해서는 앞서 자세히 살펴보았습니다. 그는 덕이 있다고 해서 완성된 선이 이루어지는 것이 아니라 반드시 행복이 추가로 있을 때 완성된 선을 이룰 수 있다고 보았습니다. 따라서 최고선, 즉 완성된 선은 도덕성에 정비례하는 행복이라고 할 수 있습니다. 이러한 개념 정의를 통해 칸트는 도덕적인 사람이 행복한 세상을 꿈꾸었음을 알 수 있습니다.

칸트는 최고선에 대한 개념을 규정하면서, 고대의 스토아학파와 에피쿠로스학파는 덕과 행복을 최고선의 서로 다른 두 가지 요소로 인정하지 않았다고 비판합니다. 칸트가 두 학파를 비판하는 핵심은 덕과 행복이 이질적인 것임에도 불구하고 두 학파 모두 덕과 행복의 실천 원리가 한 가지임을 밝히려 했다는 점입니다. 덕과 행복이 이질적이라는 말은 무엇일까요? 덕을 추구한다고 해서 반드시 행복이 증진하는 것도 아니고, 반대로 행복을 추구한다고 해서 덕을 기를 수 있는 것도 아니라는 말입니다. 덕과 행복은 종종 갈등을 일으키는 이질적인 것입니다.

칸트는 스토아학파와 에피쿠로스학파가 덕과 행복의 실천원리를 밝힘에 있어 에피쿠로스학파는 감각적인 면을 중시했고, 스토아학파는 이성적인 면을 중시했기 때문에 현격한 차이가 발생했다고 분석합니다. 칸트의 분석에 의하면 스토아학파는 덕은 전체의 최고선이며, 행복은 단지 주관적 상태에 속하는 것으로 덕의 소유 의식일 따름이라고 주장했습니다. 스토아학파에서 덕은 자연과 인간의 본성인 이성에 따르는 삶을 의미합니다. 따라서 덕에 따르는 삶이란 바로 행복한 삶을 의미합니다.

반면에 에피쿠로스학파는 행복이 최고선이며, 덕은 단지 행복을 얻기 위한 수단을 이성적으로 사용하는 것을 의미할 따름이라고 주장했습니다. 다시 말해, 에피쿠로스학파에서 덕이 강조되는 이유는 덕이 좋은 결과, 즉 행복을 가져오는 수단이기 때문이지 그 자체로 의미가 있어서가 아닙니다. 결국 최고선 속에 덕과 행복이 반드시 결합되어 있어야 하는데, 에피쿠로스학파는 행복을 너무 중시한 나머지 덕의 중요성을 간과했으며, 스토아학파는 덕을 너무 중시한 나머지 행복을 소홀히 다루었다는 것입니다.

그렇다면 덕과 행복이 결합된 최고선은 어떻게 실현 가능할까요? 칸트는 최고선의 첫째 요소인 덕의 완벽한 실현은 오직 영원에서만 가능하기 때문에 현세를 넘어서기 위해 각 개인이 지닌 영혼의 불사성이 요청되며, 최고선의 둘째 요소인 덕에 비례하는 행복이 가능하기 위해서는 이를 보장해줄 수 있는 존재가 있어야 하므로 신의 실존을 요청할 수밖에 없다고 주장합니다. 여기서 중요한 점은 칸트가 도덕적인 사람은 반드시 행복해져야 한다는 자신의 이상을 실현하기 위해 영혼의 불사성과 신의 존재까지 요청한다는 점입니다. 이를 통해 칸트가 결코 인간의 행복을 무시하지 않았다는 사실을 알 수 있습니다.

앞서 살펴보았듯이 칸트는 도덕적 의무를 무시하고 행복을 추구해야 한다고는 주장하지 않습니다. 그러나 그는 덕과 행복이 결합된 최고선을 실현해야 한다고 주장합니다. 이는 도덕성을 토대로 행복을 실현하는 삶을 살아야 한다는 것입니다.

칸트의 행복론은 행복에 이르는 방법이 무엇인지 구체적으로 알려주지는 않습니다. 그는 우리에게 오히려 더 중요한 사실을 알려주고 있습니다. 칸트가 우리에게 행복에 관해 말해 주고 있는 것은 행복을 누릴 자격이 있는 사람은 다름 아닌 도덕적인 사람이므로 우리는 이성을 계발해 행복을 누릴 자격을 갖추는 노력을 해야 한다는 점입니다. 또한 덕을 포기하고 행복을 추구하고 싶은 유혹이 있을 때 자기 자신을 성찰해보아야 한다는 교훈을 주고 있습니다. 따라서 진정한 행복을 누리기 위해 선한 의지를 실천하는 도덕적인 삶을 살아야 할 것입니다.

03

공리주의 철학의 행복론

벤담의 행복론

▌공리주의의 등장 배경

언론 보도를 보면 행복지수로 어느 나라가 가장 행복한 나라인지 순위를 매겨 발표하곤 합니다. 그런데 여기서 '각국의 행복을 어떻게 계산할 수 있을까?' 하는 의문이 들지 않으십니까? 행복이라는 것은 각자가 다른 상황에서, 다른 경로로, 다른 이유로 느끼는 주관적인 것인데 어떻게 점수를 매긴 것일까요?

행복이 계산 가능하다고 생각한 철학자가 있었는데, 바로 공리주의자 벤담(Bentham, 1748~1832)입니다. 흥미로운 점은 벤담의 공리주의 사상은 우리의 실생활에서 가장 많이 도덕 원칙으로 사용되고 있으면서도, 이론적으로는 가장 많은 비판을 받고 있다는 점입니다. 철학을 잘 모르는 사람도 벤담의 공리주의를 비판하는 것은 어렵지 않습니다.

하지만 벤담의 확신에 찬 주장에 귀를 기울여 보았을 때 그를 함부로 비판할 수 있는 사람은 별로 없을 것입니다.

벤담은 영국 런던의 중류층 가정에서 태어났습니다. 벤담은 12세에 옥스퍼드 대학의 퀸스 칼리지(Queen's College, Oxford)에 입학할 정도로 천재적인 학문적 소양을 갖추고 있었으며, 15세(1763)에 학사학위를 취득하였습니다. 그는 21세에 변호사 자격을 취득하지만 변호사 일에는 흥미가 없었기 때문에 남은 인생을 철학자로서 연구 활동에 매진합니다. 1791년에 벤담은 '판옵티콘(Panopticon)'이라는 감시를 용이하게 하는 감옥의 구조를 고안하여 형벌의 개혁을 주장하기도 합니다. 영국과 프랑스에서 이 제도를 현실로 구체화시키려고 노력해보았지만 결국에는 실패로 돌아가고 맙니다. 후에 프랑스의 철학자 미셸 푸코가 1975년에 그의 저서 『감시와 처벌』에서 판옵티콘에 대해 다루면서 더욱 유명해집니다.

벤담의 공리주의 철학은 그 자체로도 의미가 크지만 밀의 질적 공리주의 철학을 이해하기 위해서는 벤담의 양적 공리주의 철학에 대한 선이해가 요구됩니다. 왜냐하면 밀의 질적 공리주의 철학의 핵심은 대부분 양적 공리주의자인 벤담이 기초한 공리주의의 원리를 그대로 따르고 있기 때문입니다. 벤담은 공리주의 철학의 이론적 기초를 다진 공리주의 선구자로서 1780년대 중반 대표적 저작인 『도덕과 입법의 원리 서설』을 집필해 1789년에 출간합니다. 이 책에는 공리주의 원칙이 체계화되어 서술되어 있을 뿐만 아니라, 확신에 찬 어조로 다른 철학과 비교하며 공리주의 원리가 지니는 우월성에 대해 역설하고 있습니다.

18세기에 정립된 공리주의 철학이 19세기 영국에서 많은 지지를 얻게 된 이유는 무엇 때문일까요? 철학 사상은 항상 시대적 상황을 반영하기 마련입니다. 그러므로 공리주의 사상이 주목을 받았다는 것은 그 시대를 사는 사람들에게 공리주의 사상이 필요했기 때문일 것입니다. 당시 유럽 사회는 르네상스와 종교개혁을 통해 이미 개인주의와 자유주의 사상이 퍼져 있었고, 17세기 과학혁명과 18세기의 계몽사상은 비이성적 사고와 제도들을 무너뜨리기 시작했습니다. 이로 인해 시민들은 왕과 귀족의 지배로부터 벗어나 개인의 자유와 권리를 보장받고자 하는 근대적 정신을 갖게 됩니다.

18세기 후반 기계가 발명되면서 영국에서 시작된 산업혁명으로 인해 유럽 사회는 농업 사회에서 급속하게 산업 사회로 변화하게 됩니다. 시민들은 경제적으로 풍요로워졌고 정치적 권리 또한 신장되게 됩니다. 그러나 한편으로는 농민들과 가내수공업자들이 일자리를 잃게 되고 생계유지를 위해 도시로 몰려들게 됩니다. 자본가들은 노동자를 구하기 쉬웠기 때문에 노동자들의 작업 환경이나 위생, 근로 조건 등에는 관심이 없었고 자신들의 이윤 극대화를 추구하였습니다. 그 당시 노동자들은 낮은 임금에 하루에 14~15시간 일했으며, 여성이나 아동을 고용하는 공장도 많았다고 합니다. 노동자들의 삶은 비참했고 건강이 급격히 악화되어 평균 수명도 매우 짧았습니다.

이처럼 산업혁명은 사회 계층을 부유한 자본가와 가난한 노동자로 나누어 놓았습니다. 이러한 상황에서 최대 다수의 최대 행복을 강조하는 공리주의 사상은 시대적 요청으로 볼 수 있습니다. 산업사회의 경제적 불평등과 노동자의 빈곤 문제를 해결하고자 나타난 사상은 공리주의뿐만 아니라 사회주의도 있었습니다. 생시몽, 푸리에, 오언으로 대표되는 공상적 사회주의와 마르크스로 대표되는 과학적 사회주의 사상이 그것입니다. 특히 마르크스는 자본주의 사회의 근본적 문제점이 개인주의에 기반을 둔 사유재산 제도에 있다고 생각했기 때문에 사유재산 제도와 계급이 소멸된 공산주의 사회를 노동자들의 단결과 혁명을 통해 이룩해야 한다고 주장하였습니다.

이처럼 노동자계층을 대변하는 사회주의와 달리 자유주의 진영에서 산업 사회의 문제 해결책으로 제시한 것이 바로 공리주의라고 할 수 있겠습니다. 공리주의에서는 부의 불평등이 개인의 이익과 사회 전체 이익의 부조화 때문이라고 보고 '최대 다수의 최대 행복'의 원칙 하에 노동자들의 행복 증진을 위한 입법화가 필요하다고 주장하였습니다. 이처럼 영국에서 벤담이 공리주의를 주창한 것은 그 시대 상황과 밀접한 연관이 있습니다. 나아가 오늘날과 같은 자본주의 사회에서 공리주의가 생명력을 유지하고 있는 것도 공리주의가 개인의 이익 추구를 긍정하는 자본주의와 맥을 같이하는 이론이기 때문이라는 사실을 알 수 있습니다.

▌공리성의 원리와 행복의 의미

벤담은 인간이 쾌락은 좋아하고 고통은 싫어하는 자연적 경향성을 지니고 태어났음에 주목합니다. 그는 비유적인 표현을 사용해 인간은 쾌락과 고통이라는 두 군주의 지배를 받을 수밖에 없는 존재라고 주장했습니다. 이 말은 인간이 무엇을 해야 할까, 하지 말아야 할까를 결정해주는 것은 다름 아닌 쾌락과 고통이라는 말입니다. 그렇기 때문에 벤담은 쾌락은 추구하고 고통은 피하는 인간의 자연적 경향성을 도덕과 입법의 기본 원리로 설정합니다.

벤담은 인간이 천성적으로 쾌락을 추구하도록 태어났으므로 쾌락을 추구하는 것은 자연스러운 것이며, 인간이 그러한 삶을 살지 않으려고 한다고 해도 결국 그렇게 살 수밖에 없다고 보았습니다. 그래서

그는 '공리성의 원리(The Principle of Utility)', 혹은 '최대 행복의 원리 (The Greatest Happiness Principle)'에 따를 수밖에 없으며 따라야 한다고 주장합니다. 벤담은 인간이 이성적이라면 공리성의 원리에 의문을 제기하지 않고 따를 것이라고 주장하였는데, 여기서 공리성이란 이해 당사자에게 이익, 이점, 쾌락, 선, 행복을 생산하는 경향을 지니거나 해악, 고통, 악, 불행이 발생하는 것을 막는 경향을 지닌 어떤 대상 안의 속성을 의미합니다.

벤담은 행복이라는 단어를 엄밀하게 정의하지 않고 폭넓은 의미로 사용하는데, 이익(Benefit), 이점(Advantage), 쾌락(Pleasure), 선(Good), 행복 (Happiness)을 모두 동일한 것으로 파악하고, 마찬가지로 해악(Mischief), 고통(Pain), 악(Evil), 불행(Unhappiness) 또한 동일한 것으로 여깁니다. 왜냐하면 양적 공리주의자인 벤담은 쾌락의 질적 차이를 고려하지 않기 때문입니다. 결국 벤담이 목적으로 추구하는 행복이란 쾌락의 증가와 고통의 부재를 나타내는 것임을 알 수 있습니다.

그렇다면 벤담이 확신에 찬 어조로 강조하고 있는 '공리'란 단어의 의미는 무엇일까요? 많은 사람들이 공리주의의 한자를 잘못 알고 있습니다. 공리주의는 한자로 功利主義(공리주의)라고 써야 맞는데, 공리주의의 '공'이 한문으로 '共(함께 공)'자, 또는 '公(공평할 공)'자라고 오해하고 있습니다. 왜냐하면 공리주의가 막연히 사회 전체의 이익, 공동의 이익을 추구해서 생긴 이름이라고 생각하기 때문입니다. 사회 전체 이익을 뜻하는 공익의 한자는 公益(공익)이고, 공동의 이익은 뜻하는 공익의 한자는 共益(공익)입니다.

그렇다면 왜 공리주의를 실제로는 '功(공로 공)'자를 사용해 功利主義(공리주의)라고 쓸까요? 그것은 영어를 보면 쉽게 알 수 있습니다. '공리'는 영어로 'Utility(유용성, 공리성)'의 번역어이지 'Public Benefit (公益)'나 'Common Benefit(共益)'의 번역어가 아니기 때문입니다.

따라서 공리주의(功利主義)라는 명칭 그대로의 뜻은 사회전체 이익을 추구하는 사상이라기보다는 유용성 혹은 공리성을 추구하는 사상이라는 뜻입니다. 물론 사회 전체의 이익을 추구하는 사상이라고 생각한다고 해서 공리주의 사상에서 크게 어긋나는 것은 아닙니다.

그렇다면 공리주의(Utilitarianism)가 강조하는 공리성(Utility)의 원리라는 것이 무엇일까요? 벤담의 주장에 의하면, 이해 당사자의 행복을 증진시키거나 감소시키는 경향에 따라 모든 행위를 승인(Approve)하거나 부인(Disapprove)하는 원리를 의미합니다. 벤담은 이러한 공리성의 원리를 바탕으로 하는 체계는 조직적으로 행복을 달성하는 것을 목표로 삼고 있는 철학으로 보아 찬성합니다. 반면에 공리성의 원리에 반대하는 체계가 있다면 그것은 이성이 아니라 변덕을 추구하는 사상에 불과하다고 평가절하합니다.

벤담은 공리성의 원리에 따라 자신의 행위가 공동체의 행복을 증진시키도록 행동하라고 주장합니다. 그런데 그는 공동체란 공동체의 일원으로 여겨지는 개인들로 구성된 허구적 실체라고 생각했습니다. 따라서 공동체의 이익이란 공동체를 구성하는 각 구성원들의 이익의 총합과 같은 말이 됩니다. 그래서 벤담은 공동체 이익의 극대화라는 용어를 사용하기보다는 각 개인의 개별성을 강조하는 '최대 다수의 최대 행복(The Greatest Happiness of The Greatest Number)'이라는 원칙을 표방한 것입니다. 결국 벤담에게 공동체나 사회의 행복은 그 공동체에 속하는 최대 다수의 개인이 최대한 행복할 때 실현되는 것입니다.

사회 전체의 행복
　= 개인의 행복 + 개인의 행복 + 개인의 행복 + ……
　⇒ 최대 다수의 최대 행복

▌공리성의 원리와 반대되는 원리 비판

벤담은 공리성의 원리가 지니는 정당성을 강조하기 위해서 공리성의 원리가 지니는 정당성을 직접 증명하려고 하지 않습니다. 왜냐하면 다른 모든 것을 증명하는 데 사용되는 근본적인 원리가 그 자체로는 증명될 수 없다고 보았기 때문입니다. 다만 간접적인 방법으로, 지성적인 사람은 물론이고 어리석은 사람이라도 인간이라면 공리성의 원리를 살면서 일관되게 적용해왔다는 경험적인 증거를 들어 공리성의 원리가 정당하다고 강조합니다.

그는 공리성의 원리를 정당화하기 위한 또 다른 방법으로 이 원리에 반대하는 입장에 대해 심도 있게 검토합니다. 벤담에 의하면 공리성의 원리와 다른 주장을 펴는 두 가지 원리가 존재하는데, 하나는 금욕주의 원리이고 또 다른 하나는 공감(Sympathy)과 반감(Antipathy)의 원리입니다.

먼저 벤담은 금욕주의 원리를 공리성의 원리와 정반대로 어떤 행위가 행복을 감소시키는 경향이 있으면 그 행위를 승인하고, 어떤 행위가 행복을 증가시키는 경향이 있으면 그 행위를 부인하는 원리라고 정의합니다. 이러한 금욕주의 원리를 따르는 사람들은 두 부류로 나누어볼 수 있는데 하나는 도덕주의자 집단이며, 다른 하나는 종교주의자 집단입니다.

그의 고찰에 따르면 먼저 도덕주의자 집단 같은 경우 세속적인 쾌락을 목적으로 추구하는 사람들을 비난합니다. 그러나 그들이 세속적 쾌락을 비난하는 이유는 좋은 평판이나 명예와 같은 쾌락을 얻기 위해서일 뿐입니다. 결국 벤담은 도덕주의자들을 세속적 쾌락이 아닌 좋은 평판과 명예를 추구하는 다른 종류의 쾌락주의자일 뿐이라고 간주합니다.

그렇다면 종교주의자들, 특히 고행을 실천하는 수도승들은 과연 금욕주의자일까요? 그러나 종교주의자들이 기꺼이 감내하는 현세의 고통은 결국 내세의 행복을 위한 것입니다. 내세의 행복이 오지 않는다면 그들은 분명히 고통을 감내하지 않을 것입니다. 그러므로 그들은 실제로 금욕주의자가 아니라 쾌락을 추구하는 사람들에 불과합니다.

게다가 수도승들이 진정으로 고통을 좋은 것으로 생각해서 그것을 추구했다면, 분명 타인에게 고통을 가하는 행위도 가치가 있다고 장려

했어야 했을 텐데 그들도 타인에게 고통을 가하는 행위는 죄라고 생각하므로 사실상 금욕주의자가 아닙니다. 벤담은 지구에 사는 사람들의 10분의 1만 금욕주의 원리를 추구한다고 가정해도 그들이 하루 만에 지구를 지옥으로 변화시킬 것이라고 금욕주의 원리에 대해 강하게 비판합니다. 이러한 논의를 통해 벤담은 도덕주의자와 종교주의자가 추구한 것은 금욕주의가 아니라 잘못 적용된 공리성의 원리일 뿐이라고 결론 내립니다.

벤담은 공리성의 원리와 반대되는 두 번째 사례로 공감과 반감의 원리에 대해 분석합니다. 그는 공감과 반감의 원리란 어떤 행위가 이해 당사자의 행복을 증진시키거나 행복을 감소시키는 것이 아님에도 단지 행위를 승인하거나 부인하려는 기질이 자기 자신 안에 있기 때문에 어떤 행위를 승인하거나 또는 부인하는 원리라고 정의합니다. 따라서 공감과 반감의 원리는 오로지 주관적인 자신의 감정에 근거해 옳고 그름을 결정하는 원리라고 비판합니다. 이 원리의 가장 큰 문제점은 공리성의 원리에 부합하는지를 문제 삼지 않고 자신의 정서를 선악과 처벌의 기준으로 삼는다는 점입니다. 이 원리에 따른다면 처벌을 부과함에 있어 많이 싫어하면 많이 처벌하고 조금 싫어하면 조금 처벌하면 된다는 것입니다.

이처럼 벤담은 금욕주의 원리뿐만 아니라 공감과 반감의 원리도 부당한 원리임을 밝힘으로써, 자신이 지지하는 공리성의 원리가 지니는 정당성과 우월성을 간접적으로 증명하였습니다.

▍양적으로 계산 가능한 쾌락

벤담은 쾌락의 질적 차이가 없다고 보았기 때문에 쾌락이나 행복은 양적으로 환원 가능하며 일정한 기준에 의해 계산할 수 있다고 보았습니다. 다시 말해 어떤 행위가 유발할 모든 쾌락의 가치와 고통의 가치를 계산했을 때 그 값이 쾌락 쪽에 기운다면 선한 행위이고 고통 쪽에 기운다면 나쁜 행위라고 판단했습니다.

〈선한 행위〉

이처럼 행복을 계산하는 것이 실제로 가능하다면 그 세부적 기준은 무엇일까요? 벤담은 쾌락과 고통의 양을 계산하는 7가지 기준을 제시합니다. 7가지 기준이란 그것의 강도(Its Intensity), 그것의 지속성(Its Duration), 그것의 확실성 또는 불확실성(Its Certainty or Uncertainty), 그것의 근접성 또는 멀리 떨어져 있는 정도(Its Propinquity or Remoteness), 그것의 생산성(Its Fecundity), 그것의 순수성(Its Purity, 고통이 수반되지 않는 순수한 쾌락인가에 대한 정도), 그것의 범위(Its Extent), 즉 그것이 영향을 미칠 또는 (다른 말로) 그것에 의해 영향 받을 사람들의 수를 의미합니다. 이러한 7가지 기준으로 계산해보았을 때 어떤 행동이 더 바람직한 행동인지 파악할 수 있게 됩니다.

벤담에게 있어서 행복과 쾌락은 양적으로 측정 가능한 것이며 수학적인 객관성을 지니는 것입니다. 우리는 이러한 측정치의 계산을 통해 어떤 행위가 다른 행위보다 얼마만큼 옳고 얼마만큼 그른 것인지 판단할 수 있고, 더 옳은 행동을 선택해 실천할 수 있게 됩니다.

기준	판단 이유	독서	짜장면
강도	독서보다 맛있는 짜장면이 더 강한 쾌락을 줌	5	10
지속성	금세 먹을 수 있는 짜장면보다 독서로 느끼는 쾌락이 더 오래감	10	5
확실성	어떤 책은 지루할 수 있지만 짜장면은 대부분 맛이 있으므로 짜장면을 통해 쾌락을 얻을 수 있을 가능성이 더 높음	5	10
근접성	짜장면을 시키면 오래 기다려야 하지만 책은 집에 있으므로 책이 더 빨리 쾌락을 얻을 수 있음	10	5
생산성	짜장면의 경우 다 먹으면 쾌락이 더 이상 생겨나지 않지만, 독서의 경우에는 독서로 얻은 지식과 교훈으로 인해 생활 속에서 또 다른 쾌락이 발생함	10	5
순수성	짜장면은 먹는 동안에는 고통이 없이 순수한 쾌락만을 느끼지만 독서는 눈이 점점 아픔	5	10
범위	짜장면을 먹는 것보다는 독서를 할 때 부모님을 포함해 더 많은 가족들이 나의 모습을 보고 쾌락을 느낄 수 있음	10	5
합계		55	50

앞의 표는 재민이라는 학생이 일요일 오후에 독서를 할까, 짜장면을 시켜 먹을까 너무 고민이 되어 벤담이 제시한 쾌락 계산법으로 결정하려고 한다고 가정한 후 계산한 것입니다. 사람마다 쾌락을 느끼는 정도나 이유가 다를 수 있으므로 점수에는 너무 신경을 쓰지 말고, 벤담 철학을 이해하는 데 초점을 두고 계산을 해봅시다. 편의상 10점 만점으로 계산해보겠습니다.

공리주의 철학의 관점에서 독서는 총합이 55, 짜장면은 50이므로 두 가지 중에서 더 많은 쾌락을 가져오는 독서를 하는 것이 바람직합니다. 이 사례는 개인적인 문제였지만 다양한 이해 당사자들의 이익이 걸려 있는 도덕 문제나 국가 정책의 경우에는 계산이 매우 복잡할 것입니다. 하지만 벤담이 제시한 기준으로 쾌락을 다양한 관점에서 계산해 결정해야 하는 것은 동일합니다.

그렇지만 벤담은 모든 도덕적 판단이나 법적 판단에 앞서 항상 자신이 제시한 복잡한 계산 과정을 엄격히 거쳐야 한다고 주장하지는 않습니다. 만약 모든 행위에 앞서 계산을 해야 한다면 그것은 매우 비효율적이기 때문입니다. 그러나 벤담은 항상 이러한 사항을 염두에 둘 것을 당부하고 있습니다. 공리주의 도덕은 도덕 그 자체를 목적으로 추구하는 것이 아니라, 행복을 궁극적 목적으로 상정해 두고 행복이나 쾌락을 더 많이 증진시키는 행위를 바람직한 행위로 간주하기 때문에 쾌락의 양을 계산하는 것은 공리주의 체계 안에서 매우 중요한 의미를 지닙니다.

▌결과주의

벤담이 생각하는 윤리학은 무엇일까요? 그가 주장하는 선(Good)과 악(Evil)의 개념은 간단합니다. 쾌락은 그 자체로 선이고, 고통은 그 자체로서 악입니다. 이러한 주장은 의무론적 윤리설을 주장한 칸트의 주장과 정면으로 대치됩니다. 칸트는 행위의 동기가 선하다면 비록 행위의 결과가 나쁘더라도 선한 행위가 된다고 주장합니다. 반면에 벤담은 행위의 동기가 아니라 행위가 초래한 결과를 통해 행위의 선악을 판단해야 한다고 강조합니다.

아울러 벤담은 하나의 동기에서 좋은 행위와 나쁜 행위, 그리고 좋지도 나쁘지도 않은 행위가 모두 나올 수 있다고 주장하는데, 이는 동기가 선악을 판단하는 기준이 될 수 없음을 의미합니다. 이처럼 벤담은 동기의 선악은 행위가 낳을 고통과 쾌락의 양에 달려 있다고 간주하므로 선악 판단의 기준으로 동기를 중시하는 칸트와 달리 결과주의자라고 할 수 있습니다. 그래서 벤담은 그 자체로 항상 좋거나 나쁜 동기는 없다고 주장합니다. 왜냐하면 동기 자체가 선악의 판단 기준이 아니라 동기가 가져오는 행위의 결과가 역으로 동기의 선악을 판단하는 기준이 되기 때문입니다.

벤담은 계산 가능한 양적 행복의 개념이 이성의 원리에 부합할 뿐만 아니라 사회 문제의 해결에도 기여할 수 있다고 믿었습니다. 하지만 이러한 행복 개념은 행복의 질을 담보하지 못함으로써 다양한 학자들의 비판을 야기하였습니다. 많은 학자들은 벤담이 제시한 쾌락이

돼지의 쾌락과 다를 바 없이 저속하다는 비판을 합니다. 즉, 쾌락의 양을 최대화하는 것에 너무 강조점을 둔 나머지 인간의 품위에 기초한 고급 쾌락이 있음을 간과한 것입니다.

최근 자주 문제가 되는 지하철 도촬 문제에 대해 생각해봅시다. 어떤 남성이 스마트폰을 이용해 지하철 에스컬레이터 아래에서 치마를 입은 여성들의 속옷을 도촬했다고 가정해봅시다. 그런데 도촬을 당한 여성들은 이 사실을 전혀 알지 못한다면, 이 도촬 행위는 과연 옳은 행위일까요?

공리주의 원칙에 따라 생각해본다면, 도촬을 당했다는 사실을 까맣게 모르는 여성에게 고통은 전혀 없었을 것이고, 사진을 찍은 남성은 쾌락이 증가했으므로 공리주의 원칙에 따라 선한 행동이 될 수 있습니다. 더 나아가 이 사진을 친한 친구들에게 보여 주어서 '최대 다수의 최대 행복'을 실현하려고 했다면 그 만큼 더 선한 행위일까요? 상식적으로 우리는 부도덕한 행위가 쾌락과 행복을 증대시켰다고 해서 선한 행위가 된다고 생각하지 않습니다.

이처럼 공리주의에 따르면 우리가 정의라고 생각하는 일반적인 도덕관념과 공리주의 도덕이 일치하지 않는 경우가 종종 발생하게 됩니다. 따라서 많은 철학자들이 공리주의 이론을 비판하는 것입니다. 공리주의와 같이 도덕적 동기를 경시하고 행위의 결과만을 중시하게 되면, 정당한 방법으로 쾌락과 행복을 성취해야 한다고 생각하는 대다수 사람들의 비판을 피해갈 수 없습니다. 게다가 공리주의 철학은 전체의 이익을 위해 개인의 희생도 정당화할 수 있기 때문에 개인이 지니는 가치와 권리를 무시할 수 있다는 약점을 지닙니다.

이러한 약점에 불구하고 벤담이 살았던 18~19세기에 최대 다수의 최대 행복을 주창한 공리주의 사상은 행복을 독점하고 있었던 기득권 층에게는 매우 개혁적인 사상이었습니다. 또한 쾌락을 계산함에 있어 자신의 행복이라고 해서 더 많은 가치를 두지 않고 모든 사람의 행복을 동일한 척도로 계산해야 한다고 보았습니다. 따라서 자신이 원하지 않더라도 다수가 원할 경우 그것을 선택해야 하기 때문에 이기주의를 넘어설 수 있게 만들어주었습니다. 즉, 자기 자신만이 아니라 모두가 최대한 행복한 세상을 꿈꾼 것은 오늘날에도 시사점이 크다고 할 수 있습니다.

여담으로 벤담은 1832년에 세상을 떠났지만 현재 시신이 런던 대학에 안치되어 있습니다. 그는 죽어서까지 인류에게 이득을 주기 위해서 의과대학 해부용으로 자신의 시신을 기증하였습니다. 만약 우리가 과거의 철학자를 직접 만날 수 있다면 행복과 쾌락이 증가할 것입니다. 흥미롭게도 현재 그의 주검은 런던 대학의 유리관 속에 앉아 있는 자세로 보관되어 있습니다. 오늘날에도 런던 대학에 가면 공리주의자 벤담을 직접 만날 수 있습니다. 벤담은 현재에도 런던 대학을 방문하는 많은 사람들에게 끊임없는 쾌락을 선물하고 있는 진정한 공리주의자입니다.

밀의 행복론

▌공리주의 기본 원리 수용

밀(Mill, 1806~1873)은 영국의 런던에서 벤담의 제자이자 친구였던 아버지 제임스 밀의 아들로 태어났습니다. 따라서 벤담의 공리주의 사상을 자연스럽게 배울 수 있었습니다. 그는 아버지로부터 매우 엄격한 교육을 받았으며 3살 때 그리스어를, 8살 때는 라틴어를 배울 정도로 천재적인 학문적 소양을 가지고 있었습니다. 젊은 시절 정신적 방황을 겪기도 하지만 테일러 부인을 만나 이를 극복하고『자유론』,『공리주의』와 같은 대표 저작을 남겼습니다.

우리는 앞서 벤담의 양적 공리주의가 지니고 있는 문제점을 살펴보았습니다. 밀은 벤담의 공리성의 원리를 충실하게 계승하면서도 단점을 보완해 공리주의를 발전시킨 영국의 철학자, 경제학자, 정치 이론가입니다. 그는 벤담이 쾌락의 질적 차이를 인정하지 않음으로써 인간을 동물로 간주하는 '돼지의 철학'이라는 비판까지 받게 되자 공리주의가 타락하는 것을 막아야 한다고 생각하였습니다. 따라서 밀은 공리주의의 원리가 옳다는 사실을 증명하고자 벤담의 양적 공리주의를 수정하고 발전시킨 질적 공리주의를 제창합니다.

밀은 도덕이론이 인간의 행복과 무관할 수 없음을 강조하면서, 자신의 주저『공리주의』에서 공리주의 또는 행복이론의 타당성을 입증하는 데 헌신하겠다고 선언합니다. 공리주의에 대한 비판을 잘 알고 있던 밀은 사람들이 공리주의에 대해 무지하거나 오해가 있어서 공리주의를 수용하지 못한다고 생각하였습니다. 그래서 공리주의의 이론적 기초에 대해 자세히 논증합니다.

밀은 공리성이란 쾌락 그 자체거나 고통의 부재 상태로 인간이라면 기분 좋은 것, 다시 말해 자연적 경향성임을 명확히 밝힙니다. 벤담의 입장을 계승해 밀은 행복을 바람직한 유일한 목적으로 보았습니다. 밀은 어떤 행동이든 행복 증진에 기여하는 정도에 비례해서 옳은 것이 되고, 행복과 반대되는 것을 생산하는 데 기여하는 정도에 비례해서 옳지 못한 것이 된다고 보았습니다.

아울러 '행복'이란 쾌락 또는 고통의 부재를 의미하는 것이고, 불행이란 고통 또는 쾌락의 결여를 의미하는 것이라고 정의합니다. 이처럼 밀의 입장은 벤담의 입장과 기본적으로는 다르지 않습니다. 다른 점이 있다면 벤담은 쾌락의 질적 차이를 인정하지 않고 양적인 쾌락만 중시한 반면, 밀은 쾌락의 질적 차이에 주목해 쾌락의 양과 질을 모두 고려해야 한다고 주장한 점입니다.

▌질적 쾌락과 행복의 의미

밀이 주장하는 행복, 쾌락은 단순한 육체적 쾌락이 아닙니다. 밀은 동물도 누릴 수 있는 쾌락이 인간의 행복 개념을 만족시킬 수 없다고 보았습니다. 왜냐하면 인간은 동물보다 뛰어난 능력을 갖추고 있는데, 이러한 능력을 인식하게 되면 이 능력을 만족시키지 않는 것을 행복이라고 여기지 않게 될 것이라고 생각했기 때문입니다.

예를 들어 강아지는 쓰다듬어주면 쾌락을 느낍니다. 우리도 아마 어렸을 때 부모님이 머리를 쓰다듬어주면 쾌락을 느꼈던 기억이 있을 것입니다. 하지만 인간은 이러한 감각적 쾌락을 행복으로 여기지는 않습니다. 오히려 자신의 능력을 발휘해서 자신이 추구하는 가치나 성과를 거두었을 때 행복감을 느낄 것입니다. 밀은 육체적이고 감각적인 쾌락보다는 수준 높은 정신적 쾌락이 더 우월하며 인간이라면 당연히 정신적 쾌락을 행복의 요체로 보고 추구해야 한다고 본 것입니다.

밀은 양적 공리주의를 비판하면서 양이 많고 적음을 사소하게 만들 정도로 질적으로 훨씬 우월한 쾌락이 있다고 주장합니다. 쾌락의 질적 차이가 있다는 것은 양과 무관하게 쾌락 그 자체로서 다른 쾌락보다 더 가치 있게 만들어주는 무엇인가가 있다는 뜻입니다. 그렇다면 과연 쾌락의 질적 차이는 어떻게 알 수 있는 것일까요? 밀은 쾌락의 질적 차이를 알 수 있는 유일한 방법은 두 가지 쾌락이 있을 때 이 두 가지 모두를 경험해본 사람 중 거의 모든 사람이 더 뚜렷이 선호하는 것이 더 바람직한 쾌락이며, 쾌락의 양이 적거나 불만족이 생길 수 있음에도 어떤 하나를 확고하게 원한다면 그것이 질적으로 우월한 쾌락이라고 보았습니다.

예를 들어 자신이 원하는 대학이나 직장에 가는 것과 매일 하나씩 빵을 10년 동안 무료로 공급받는 두 가지 쾌락 중 하나를 선택할 수 있다고 상상해봅시다. 빵을 10년 동안 받으면 약 3,650개나 먹을 수 있습니다. 그러나 정상적인 사람이라면 빵의 양이 많다고 해서 빵을 선택하지 않을 것입니다. 이처럼 양이 아무리 많아도 그것보다 더 큰 의미를 지닌 질 높은 쾌락이 존재한다는 것이 밀의 주장입니다.

밀이 주장하는 질이 높은 쾌락이란 동물도 지니는 하급 능력을 발휘해서 얻을 수 있는 쾌락이 아닙니다. 질 높은 쾌락은 인간이 지닌 다양한 능력 중에서도 더 고급 능력을 발휘해야 획득할 수 있는 것입니다. 여기서 인간의 고급 능력이란 동물은 갖고 있지 않은 정신적 능력을 의미하며, 질 높은 쾌락이란 결국 정신적 쾌락임을 알 수 있습니다. 따라서 지성이 있는 사람이라면 바보가 만족스러운 삶을 살 수 있다고 해도 바보가 되려고 하지 않을 것이고, 교양 있는 사람이라면 무지한 사람이 되지 않으려 할 것이며, 감정이 있는 사람라면 이기적인 사람이 되려고 하지 않을 것이라는 결론에 이르게 됩니다.

우리는 힘들거나 지쳤을 때 낮잠 자는 동물들을 보고 부럽다고 생각할 때가 있습니다. 예를 들어 고양이는 실제로 하루에 12~14시간 정도 잠을 자고, 많이 자는 고양이는 20시간도 잔다고 합니다. 만약 신이 나타나 당신이 원한다면 당신을 고양이로 바꿔준다고 제안한다면 어떤 선택을 할까요? 정상적인 인간이라면 고양이처럼 잠을 많이 잘 수 있다고 해서 인간으로서의 삶을 포기하고 실제로 고양이가 되려고 하지 않을 것입니다. 왜냐하면 우리는 고양이가 누리는 쾌락보다 더 질 높은 많은 쾌락을 누릴 수 있다는 것을 이미 알고 있기 때문입니다.

그렇다면 밀이 생각하는 행복이란 무엇일까요? 밀은 만약 행복을 고도의 쾌감을 주는 흥분 상태가 지속되는 것으로 규정한다면 그러한 행복이 불가능한 것은 명백하다고 강조합니다. 그는 행복이란 고통은 일시적인 것을 제외하고는 거의 없으면서 쾌락은 다양하고 많은 순간이라고 정의합니다. 따라서 인생에서 아주 허황된 것을 기대하지만 않는다면 현실적으로 누구나 행복을 누릴 수 있다고 보았습니다. 결국 밀이 공리주의의 목표로서 주장한 진정한 행복이란 당장은 약간의 고통이 있더라도 인간만이 지니고 있는 고급 능력을 발휘해 질 높은 쾌락, 즉 인간을 인간답고 고상하게 만들어주는 쾌락을 다양하게 느낄 수 있는 상태를 의미하는 것임을 알 수 있습니다.

▌인간적 품위와 인격 도야

타고난 능력이 뛰어난 존재일수록 아무것에서나 쉽게 행복을 느끼지 못하고, 오히려 더 민감하게 고통을 느끼기 마련입니다. 밀에 의하면 이러한 단점에도 불구하고 사람들은 결코 저급한 삶을 살려고 하지 않는데, 그 이유는 자존감(Pride) 혹은 자유와 개인적인 독립성에 대한 사랑 때문일 수 있습니다. 그러나 모든 것을 종합해볼 때 인간이 저급한 쾌락을 추구하지 않는 진정한 이유는 인간으로서의 품위감(Sense of Dignity) 때문이라고 결론 내립니다.

밀은 인간으로서의 품위와 대립되는 것은 결코 진정한 욕구의 대상이 될 수 없다고 주장합니다. "만족해하는 돼지보다 불만족스러운 인간이 되는 것이 낫고, 만족해하는 바보보다 불만족스러운 소크라테스가 되는 것이 더 낫다"라는 밀의 주장은 쾌락을 추구함에 있어서 인간의 품위가 얼마나 중요한지를 잘 표현해주고 있습니다.

질 높은 쾌락은 저급한 쾌락에 비해 쉽게 추구할 수 있는 것이 아닙니다. 그런데 소크라테스처럼 인간으로서의 고상한 품위를 토대로 행복을 추구하다 보면, 분명 자신보다도 열등한 존재보다 양적으로는 행복을 덜 느끼게 될 것입니다. 그러나 밀이 보기에 그러한 생각은 행복(Happiness)과 만족(Content)이라는 전혀 다른 개념을 혼동한 것에 불과합니다. 밀은 당장의 감각적이고 육체적인 만족이 아니라, 지금은 어려움과 고통이 따르더라도 그것을 인내했을 때 얻을 수 있는 고상한 쾌락이 인간으로서 추구해야 할 진정한 쾌락이라고 주장합니다.

물론 질 높은 쾌락을 추구하는 것은 쉬운 일이 아닙니다. 밀은 각자가 처한 현실적 상황이 질 높은 쾌락을 추구하기에 조금만 부정적으로 작용해도, 질 높은 쾌락의 추구를 쉽게 포기한다고 보았습니다. 그러나 중요한 점은 많은 사람들이 저급한 쾌락에 빠지는 이유가 저급한 쾌락을 자발적으로 원해서가 아니라, 고상한 쾌락을 누릴 수 있는 상황이 되지 못하기 때문이라고 주장합니다. 예를 들어 자신의 음악적 재능을 활용해 불우이웃돕기 공연을 하고 싶은데 자신의 현실적 여건이 바쁘고 힘들다면 쉽게 포기하게 됩니다.

인간이 품위를 유지하고 고상한 쾌락을 추구하기 위해서는 타인의 행복을 위해 자신에게 주어진 고통도 감수해야 할 필요가 있습니다. 밀은 이를 설득하기 위해 공리주의가 추구하는 목표는 행위자 개인의 최대 행복(Agent's Own Greatest Happiness)이 아니라 모두의 행복을 합친 총량의 극대화(the Greatest Amount of Happiness Altogether)임을 상기시킵니다. 즉, 자기중심적인 이기적 행복이 아니라, 모든 사람이 행복할 수 있는 방법을 모색해야 한다는 것입니다. 밀은 고상한 성품을 소유한 사람은 자신이 불행할 수 있음에도 불구하고 그것에 의해 다른 사람을 행복하게 만들고, 전반적으로 이 세상에 큰 도움을 줄 수 있다고 보았습니다.

밀은 각 개인의 행복이란 타인의 고상한 성품에 의한 혜택에 불과한 것이라고 주장합니다. 예를 들어 내가 대한민국에서 편안하게 살 수 있는 것은 누군가가 군인이 되어 나라를 지켜주기 때문입니다. 군인이 맛있는 아침을 먹을 수 있는 것은 일찍 일어나 정성껏 아침을 준비한 취사병의 희생이 있었기 때문입니다. 이처럼 나의 행복은 타인이 나를 위해 고통을 감수해준 결과입니다. 물론 나 또한 타인의 행복을 위해 희생해야 하는 것은 당연합니다. 따라서 밀은 최대 다수의 최대 행복이라는 공리주의의 목표가 달성되기 위해서는 고상한 성품(The Nobleness of Character)이 전반적으로 도야되어야 한다고 역설합니다.

밀과 벤담의 공리주의를 비교해보면, 벤담의 공리주의는 사회 전체 행복의 양적 극대화를 추구했기 때문에 이기적 쾌락이나 비도덕적인 방법으로 얻은 쾌락도 인정할 수 있다는 문제점을 지닙니다. 반면에 밀은 고상한 성품의 도야를 질적 공리주의의 목표를 달성하기 위한 핵심 요소로 간주함으로써 양적 공리주의가 지닌 문제점을 극복하고 있습니다. 여기서 밀이 강조하는 고상한 성품이란 자기 자신의 이기심을 넘어 타인의 행복 증진까지 고려할 수 있는 품성입니다. 즉, 이기심을 넘어 타인의 행복에 관심을 갖는 사람들이 사회적으로 일반화될 수 있다면 질적으로나 양적으로 할 수 있는 한 최대한의 즐거움을 향유할 수 있는 상태에 이르게 된다는 것입니다.

▌불행의 원인

밀은 외적 조건이 괜찮은데도 불구하고 자신의 삶이 풍요롭다고 느끼지 못하는 사람이 있다면, 대체로 그런 사람들은 자기만 알고 타인을 배려하는 마음이 없기 때문이라고 분석합니다. 왜냐하면 타인과 사회에 관심이 많은 사람에 비해 공적인 것이든 사적인 것이든 모두 애정이 없는 사람의 입장에서는 자신의 삶을 흥분시킬 만한 것이 훨씬 적기 때문입니다. 따라서 자신의 이익과 관련된 것에만 관심을 집중해서 사는 것이 아니라 타인을 배려하고 서로 관심과 애정을 쏟는 과정에서 느끼는 쾌락이 행복한 삶을 좌우한다는 것을 깨달아야 합니다.

그렇다고 해서 밀이 무조건인 희생을 강조하는 것은 아닙니다. 밀은 타인에게 도움이 되지 않는 순수한 희생 같은 것은 일종의 낭비에 해당하기 때문에 그 가치를 인정하지 않습니다. 공리주의 입장에서 희생이 의미 있는 이유는 바로 타인들의 행복을 증진시키는 데 도움을 주었기 때문입니다. 이처럼 밀은 타인의 행복 증진이라는 확실한 공리주의적 기준 아래에서 이타적 행위의 실천을 강조합니다.

밀은 불행의 원인을 두 가지로 지적합니다. 그가 생각한 첫 번째 원인은 이기심입니다. 밀은 이기적인 관심만 갖고 사는 사람은 자신의 죽음이 다가오면 삶의 흥분이 줄어들겠지만, 인류 전체의 이익을 위해 봉사하는 동료의식을 계발해 온 사람은 죽음 앞에서도 건강하고 젊었을 때와 다름없이 활력과 인생에 대한 흥미를 유지할 수 있다고 주장합니다. 이기적인 사람은 자신의 죽음이 다가오면 자기 자신에게만 관심이 있었기 때문에 모든 관심사 또한 사라지게 되고 불행을 느낄 수밖에 없습니다. 하지만 이타적인 사람은 자신의 죽음 앞에서도 행복을 얻을 수 있는 다양한 원천들을 유지하고 있기 때문에 행복을 누릴 수 있을 것입니다.

밀이 지적한 불행의 두 번째 원인은 정신 교양의 부족입니다. 여기서 정신 교양이 있는 사람이란 지식을 얻을 수 있는 원천을 개방시켜온 사람, 그리고 정신 능력을 발휘할 수 있게 교육을 받아온 사람을 의미합니다. 밀이 정신 교양을 갖추어야 한다고 보는 데는 중요한 이유가 있습니다. 교양인의 경우 자신의 삶 주변에서 자연, 예술의 발전, 시적 상상력, 역사적 사건, 인간이 과거와 현재에 지나온 길 및 미래의 모습 등 수많은 것이 그의 관심을 끌고 흥미의 원천이 됩니다. 또 올바로 교육받은 사람이라면 자신이 의미를 부여하는 일에 애정을 지닐 것이고 공공선에 관심을 가질 것입니다. 밀은 흥미를 가질 것도, 즐길 것도, 개선할 것도 많은 세상에서 보통 수준의 지적이고 도덕적 자질을 갖춘 교양인은 누구나 부러워할 만한 즐거운 삶을 살 수 있다고 주장합니다.

밀이 지적한 불만족스러운 삶을 살아가는 두 가지 원인을 통해 자기 자신만을 위해 살아간다면 필연적으로 불행할 수밖에 없음을 알수 있습니다. 자연에 관심을 갖는다면 길가에 핀 꽃 한 송이를 보거나, 멀리 있는 산을 보면서도 기쁨을 느낄 수 있을 것입니다. 또 다른 사람에게 관심과 애정이 많다면 타인에게 좋은 일이 있을 때마다 함께 쾌락을 느낄 수 있을 것입니다. 자연, 타인이나 공공선 등에 무관심한채 자기 자신에만 관심을 쏟는 삶을 살게 되면 인생에서 쾌락을 얻을수 있는 수많은 행복의 원천을 놓치게 되어 불행한 삶을 살게 된다는사실을 잊지 말아야 합니다.

▌사회적 감정과 내적 제제의 강조

밀은 전체의 행복(General Happiness)을 추구하는 공리주의 도덕을 무시하고 자신의 행복만을 추구하는 행위에 대해 어떠한 제재(Sanction)가필요한지에 대해 설명합니다. 그는 법률과 같은 외적인 제재보다는양심과 같은 내적 제재를 더 중시하였습니다.

밀은 인간이 최대 다수의 최대 행복을 외면한 채 자기 이익만 추구했을 때 다소 고통받거나 후회하게 되는데, 그러한 느낌이 양심의 본질을 이루며, 이기적 행동 뒤에 나타나는 후회와 고통 같은 내적 느낌이 타인의 쾌락이나 고통을 배려하려는 마음과 연관되어 있다고 강조합니다. 밀은 이를 뒷받침하기 위해 인간은 타인과 하나 되고자 하는사회적 감정(Social Feeling)을 지니고 있으며, 이러한 감정은 인위적으로 교육하지 않아도 문명 발전의 영향으로 인해 점점 강해져 이미 인간 본성 속에서 강력한 원리로 자리 잡고 있다고 강조합니다.

밀이 강조하고 있는 사회적 감정에 대해 좀 더 자세히 살펴봅시다. 밀은 인류 역사가 야만적인 독립 상태에서 사회적 결합이 강화되는 방향으로 발전해왔다고 설명합니다. 이로 인해 인간은 자신을 사회의 한 구성원으로 인식하게 되고 사회 유지가 자신의 운명을 좌우한다는 사실을 깨닫게 된다고 보았습니다.

또 어떤 사회라도 사회의 존립을 위해서는 모든 사람의 이익을 평등하게 고려할 수밖에 없다고 강조합니다. 결국 인간은 마치 본능인 것처럼 타인의 이익에 관심을 갖고 배려하는 존재로 자신을 인식하게 된다는 것입니다. 나아가 인간은 다른 사람들도 이런 감정을 갖도록 촉구할 것이고, 공감(Sympathy)이 확산되고 교육의 영향력과 외부적 제재가 추가되면서 사회의 다른 사람들과 일체감을 느끼고 싶어 하는 마음이 지속적으로 강해져 자기 이익만을 고려하는 것은 불가능하게 된다고 보았습니다.

밀은 이미 모든 개개인이 자신을 사회적 존재로 뿌리 깊게 인식하고 있어서, 자신의 감정과 목표를 타인의 감정과 목표와 조화시키는 것을 자연스러운 욕구로 느끼고 있다고 강조합니다. 그리고 타인에 대한 배려는 그렇게 하지 않고는 결코 자신도 잘살 수 없다는 생각이 내면화되었기 때문이며, 이러한 확신이 바로 궁극적 제재(Ultimate Sanction)가 된다고 설명합니다. 다시 말해 자신이 행복하기 위해서는 타인의 행복에 관심을 갖고 배려해야 한다는 양심의 소리가 최대 행복을 추구하는 공리주의 도덕의 궁극적 제재라는 것입니다.

밀은 타인과 하나 되고자 하는 사회적 감정을 강조하면서 상호 배려하지 않을 경우 우리는 내적인 양심의 가책을 받게 된다고 강조합니다. 결국 밀의 주장은 스스로의 양심을 토대로 행동할 수 있는 고상한 성품을 함양하고, 사회 구성원으로서의 상호 연관성을 깨달아 타인을 배려하는 이타적인 행동을 실천할 때 자신을 포함한 모든 사람들도 행복을 달성할 수 있다는 것입니다.

▍덕을 통한 행복

밀은 덕 윤리를 주장한 철학자가 아님에도 행복과 덕의 관계에 관해 심도 있게 검토하였습니다. 그는 덕이 본래 행복의 수단이었으나 사심 없이 덕을 사랑하며 사는 사람에게는 덕이 행복의 수단이 아니라 행복이라는 목적의 한 부분으로서 소중히 여겨질 수 있다고 주장합니다. 이러한 밀의 주장은 행복이 공리주의가 추구하는 유일한 목적임을 부정하는 것이 아니라 덕을 특히 강조하는 표현으로 이해해야 할 것입니다. 왜냐하면 밀은 덕 자체를 목적으로 갈망하는 사람도 덕이 곧 쾌락이라는 의식 때문에 덕을 추구하는 것이라고 보았기 때문입니다. 만약 덕이 쾌락이나 행복 증진에 도움이 되지 않을 경우에는 그 의미는 사라지게 됩니다.

밀은 덕을 포함해 우리가 바람직하다고 생각하는 것은 모두 쾌락을 주는 것이며 어떤 대상에 대한 갈망과 그것을 통해 쾌락을 얻는다는 생각이 상호 비례하지 않는 것은 불가능하다고 주장합니다. 밀이 덕을 특히 강조하는 이유는, 공리주의적 입장에서 덕의 사회적 유용성을 인정해 수용하는 것으로 보아야 할 것입니다. 결국 덕 윤리와 달리 밀이 강조한 덕은 쾌락을 얻기 위한 수단적 의미에서 벗어나지 못합니다. 하지만 행복을 창출하는 다른 수단과 달리 특별한 의미를 지니는 행복의 원천임은 분명합니다.

밀은 돈, 권력, 명예도 행복을 추구하는 수단이며 행복을 이루는 부분이 될 수는 있지만, 돈, 명예, 권력과 덕은 중요한 차이가 있다고 강조합니다. 덕은 사회 전체의 행복 증진에 도움을 주기 때문에 바람직한 것이지만 돈, 권력, 명예에 집착하는 것은 오히려 사회 전체의 행복 증진에 방해가 될 수 있습니다. 따라서 밀은 덕을 추구하는 사람은 사회적으로 귀한 존재가 되며, 전체의 행복을 달성하는 데 무엇보다 중요한 덕을 최대한 사랑하고 쌓아야 한다고 역설합니다.

밀은 덕 윤리를 주장한 철학자가 아니라 공리주의를 대표하는 철학자입니다. 그럼에도 불구하고 행복의 이르는 방법으로 덕을 강조하고 있는 것은 우리가 주목해야 할 중요한 사상적 특징입니다. 그는 최대 다수의 최대 행복이라는 목표 달성을 위해 타인을 배려하는 고상한 성품을 갖추어야 한다고 주장한 바 있습니다. 우리는 이러한 주장을 통해 덕스러운 성품이 질 높은 행복의 본질에 닿아 있음을 확인할 수 있습니다. 인간적 품위와 덕을 강조한 밀의 주장을 통해 진정한 행복에 이르는 길이 무엇인지 음미해보아야 할 것입니다.

현대 철학과 근대 철학을 구분할 수 있는 가장 큰 특징은 근대 철학은 이성을 토대로 절대적인 체계를 완성하려고 한 반면에, 현대 철학은 이성에 대한 불신과 회의를 표시한다는 점입니다. 이로 인해 현대 철학에서는 보편적이고 추상적인 진리보다는 현실의 구체적인 상황과 그에 맞는 진리를 탐구하는 경향이 나타났습니다. 대표적인 사상으로는 생철학과 실존주의를 들 수 있습니다. 이 장에서는 실존주의의 뿌리라고 할 수 있는 생철학자 쇼펜하우어의 행복론을 살펴볼 것입니다. 쇼펜하우어는 이성이 아니라 의지를 세계의 실체로 본 사상가입니다. 쇼펜하우어의 행복론을 통해 현대 철학의 특징을 이해할 수 있을 것입니다.

다음으로 현대 행복론을 대표하는 영국 철학자 러셀의 행복에 대한 생각을 살펴볼 것입니다. 레셀의 행복론은 힐티, 알랭의 행복론과 더불어 세계 3대 행복론으로 손꼽힙니다. 그는 현대 산업 사회의 다양한 문제점 속에서 불행을 낳는 제도적 원인과 인간의 심리를 날카롭게 분석하여 행복에 이르는 길을 제시하고 있습니다. 이러한 러셀의 행복론은 현대 산업 사회가 낳은 다양한 문제점을 고스란히 안고 있는 오늘날에도 많은 시사점을 줄 수 있을 것입니다.

5장
행복론의 철학사적 흐름: 현대

01
쇼펜하우어의 행복론

삶의 맹목적 의지

쇼펜하우어(Schopenhauer, 1788~1860)는 독일의 단치히에서 태어났습니다. 그는 부유한 상인 집안에서 태어났기 때문에 경제적으로 유복한 삶을 살았지만 부모님의 관계가 좋지 않아 행복한 유년시절을 보내지는 못했습니다. 하지만 아버지의 막대한 유산으로 성인이 되어서도 경제 문제를 해결할 수 있었습니다. 쇼펜하우어와 관련된 유명한 일화가 하나 있습니다. 그가 베를린 대학에서 강의를 했을 때 헤겔의 명성을 질투해 같은 시간에 강의를 개설합니다. 그러나 수강생들이 거의 오지 않아 망신만 당하게 되었고 결국 베를린 대학을 떠나 철학자의 길을 걷게 됩니다.

쇼펜하우어는 우리의 삶을 고통으로 보았습니다. 세상사는 괴롭고 힘든 것이라는 부정적이고 비관적인 시각에서 인생을 파악했기 때문에 염세주의 철학자로 불립니다. 삶을 고통으로 바라보는 관점은 동양의 불교 사상과 일치하는데, 그의 철학은 불교의 영향을 많이 받았다고 평가됩니다. 쇼펜하우어는 아시아의 불교 사상을 서양에 널리 소개한 서양철학자이기도 합니다.

누구나 살면서 한번쯤은 염세주의적 생각에 빠져본 적이 있을 것으로 생각됩니다. 예를 들어 공부를 왜 하는지도 모르고 10년 넘게 많게는 20년 정도 하다 보면 자신의 삶의 모습에 대해 부정적인 생각이 들기도 합니다. 이를 극복하고 자신이 정말로 꿈꾸던 대학에 들어가도 시간이 지나면 틀에 박힌 생활을 하게 되어 재미가 없어지고 염세주의에 빠지기도 합니다.

또는 다니던 직장에 어느 정도 적응해 자신이 하는 일에 흥미를 느끼지 못하고 조금씩 싫증을 느낄 때 매너리즘에 빠져들면서 염세적인 생각이 들기도 합니다. 이처럼 누구나 사는 것이 참 힘들고 고통스럽다고 생각한 시절이 있을 것입니다. 하지만 이러한 시절을 극복해야 더 행복한 삶을 살 수 있습니다. 따라서 쇼펜하우어의 주장에 귀를 기울여보는 것은 의미 있는 일이라 생각합니다.

왜 우리는 삶에서 고통을 느낄 수밖에 없는 것일까요? 이에 대해 쇼펜하우어가 내린 결론은 매우 흥미롭습니다. 그에 의하면 우리는 합리적으로 삶을 살아가는 것이 아닙니다. 쇼펜하우어는 우리들의 삶이 삶의 맹목적 의지에 의해 지배당하고 있기 때문에 결코 완전한 만족이라는 것을 누릴 수 없다고 주장합니다. 그렇다면 삶의 맹목적 의지가 무엇인지 살펴봅시다.

많은 철학자들은 인간의 본질은 이성이라고 주장하였습니다. 그러나 쇼펜하우어의 생각은 달랐습니다. 참고로 추상적인 원리를 추구하는 이성에 대해 반대하는 것은 현대 철학의 특징이기도 합니다. 근대까지는 이성에 대한 신뢰가 철학의 큰 흐름이었다면 현대 철학은 이성에 대한 불신이 큰 축을 이룹니다. 평소 우리는 이성적으로 생각하고 행동한다고 생각하지만 실제로 우리의 삶을 지배하는 것은 이성이 아니라, 그것보다 더 본질적인 것이 있다는 것이 쇼펜하우어의 주장입니다.

인간에게 이성보다 더 본질적인 것은 바로 의지입니다. 의지 자체는 인식 작용이 없는 것으로 인간의 정신 속에 맹목적인 욕망이나 충동으로 자리 잡고 있습니다. 쇼펜하우어가 말하는 의지라는 것이 욕망이나 충동으로 나타난다는 것을 기억하면 그의 철학을 이해하기가 한층 쉬워집니다. 그런데 이러한 의지는 항상 생(生)을 의욕하기 때문에 쇼펜하우어는 우리의 의지를 '생에의 의지'라고 표현합니다.

생(삶)에의 의지는 의식작용이 없는 식물을 보면 잘 알 수 있습니다. 식물은 이성이 없지만 생을 의욕하는 것으로 보입니다. 예를 들어 해바라기들은 하나같이 해를 향해 고개를 내밀고 있습니다. 왜 그럴까요? 식물은 의식이 없으므로 이성적으로 생각해서 태양 쪽으로 고개를 내민 것은 분명히 아닙니다. 그것은 단지 생에의 의지로 인해 무조건적으로 생을 의욕하기 때문에 나타난 현상입니다. 인간도 근본적으로는 이러한 의지에 의해 지배당할 수밖에 없는 존재라는 것이 쇼펜하우어의 통찰입니다.

우리는 종종 우리가 항상 이성적으로 행동한다고 생각할 수 있습니다. 그러나 근본적으로 우리가 음식을 먹고 이를 소화시키고, 그것이 영양소가 되어 혈액을 타고 순환하는 등 일련의 생명 유지 작용은 사실 이성이 목적을 설정해서 하는 것이 아니라 생에의 의지에 의한 것입니다. 따라서 인간의 삶은 근본적으로 의지에 의해 지배된다고 할 수밖에 없습니다. 사실상 이성은 의지가 욕구하는 것에 의해 동기화 되어 작동하는 것에 불과합니다. 이성은 의지라는 고용주에 의해 하루 종일 혹사당하는 노동자라 할 수 있습니다. 예를 들어 어떤 음식을 먹는 것이 가장 좋을까 이것저것 따져보고 합리적인 선택을 하기 위해 이성을 발휘하는 것도 결국에는 생에의 의지가 시킨 일을 하고 있는 것이지 이성이 스스로 작동하는 것이 아닙니다.

맹목적인 의지가 지배하는 세계는 행복이 아니라 불행이나 고통으로 우리에게 나타납니다. 왜냐하면 우리의 의지가 충동이나 욕구로 나타나 무엇인가를 욕구하지만 그것을 완벽하게 충족하는 것은 사실상 불가능하기 때문입니다. 게다가 우리의 충동이나 욕구가 만족되었을 때 우리는 행복감을 느끼게 되는데, 중요한 것은 우리의 충동과 욕구가 만족되면 곧바로 권태에 빠지게 된다는 사실입니다.

다시 말해, 우리는 충동과 욕구가 만족되지 못한 상태에서는 고통을 느낄 수밖에 없고, 충동과 욕구가 만족되는 순간 다시 참기 힘든 권태감에 사로잡힐 수밖에 없습니다. 쇼펜하우어는 이러한 반복적인 삶의 모습을 고통과 권태 사이를 시계추처럼 왔다 갔다 한다고 비유하였습니다.

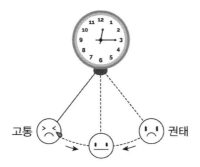

고통　　　　　　　　　　　　권태

쇼펜하우어의 말처럼 우리의 의지는 어떤 물건을 꼭 갖고 싶다는 욕망에 빠지곤 합니다. 원하는 것이 충족되지 않을 때는 욕망을 진정시킬 수 없을 정도로 그것만 생각하지만, 막상 원하는 물건을 얻고 나면 얼마 지나지 않아 그 물건에서 만족감을 느끼지 못하는 경우가 자주 있습니다. 대부분의 사람들이 어린아이 때 부모님께 장난감을 사달라고 몇 날 며칠을 졸라서 어렵게 장난감을 사게 된 후, 장난감을 손에 쥐는 그 순간부터 조금씩 장난감에 싫증을 느껴본 적이 있을 것입니다.

이러한 현상은 물건뿐만이 아닙니다. 자기가 정말로 원하는 대학이나 회사에 들어가지 못했을 때 재수, 삼수를 할 정도로 욕망을 버리지 못하다가 막상 입학하고 나면 그 학교에, 또는 그 직장에 다닌다는 이유로 계속해서 행복을 느끼지 못합니다. 또한 짝사랑하던 이성과 사랑이 이루어지기 전까지는 밤낮없이 그 사람만을 생각하다가 실제로 사귀게 되면 언제 그랬냐는 듯이 쉽게 헤어지기도 합니다. 이처럼 욕망의 충족으로 인한 만족감은 그리 오래가지 못하고, 또 다른 욕망으로 대체되어 끝없이 고통을 산출하는 것이 우리의 삶입니다.

이와 같이 쇼펜하우어는 삶의 맹목적 의지의 지배로 인해 인간이 고통스러운 삶을 살 수밖에 없다고 보았습니다. 인간에게 만족스러운 순간은 매우 짧은 것이고, 고통스러운 순간은 삶의 대부분을 차지하는 것입니다. 그는 이러한 사상 때문에 염세주의를 대표하는 철학자로 평가받고 있습니다. 그러나 오해하지 말아야 할 점은 쇼펜하우어가 궁극적으로 주장하고 싶은 것은 인간의 삶이 고통이라는 사실도 염세주의에 빠져야 한다는 내용도 아닙니다. 그가 궁극적으로 밝히고자 하는 것은 고통에서 해탈하는 길이 무엇이며, 어떻게 살아야 행복한 삶을 살수 있는지에 대한 내용입니다.

의지의 부정을 통한 행복

쇼펜하우어는 행복을 적극적인 것이 아니라 소극적인 것으로 보았습니다. 다시 말해 행복이란 고통으로부터의 해방이지 그 이상의 것을 추구하는 것이 아닙니다. 만일 우리가 어떤 고뇌나 장애를 극복하고 자신이 진정으로 바라는 것을 성취했다고 해도 그러한 성취와 만족은 그리 오래가지 못합니다. 따라서 적극적으로 노력해 성취한 행복도 고통이 생기기 이전 상태로 되돌아가는 것 또는 무엇인가 적극적으로 소망하던 것이 사라진 것 이상의 의미를 지닐 수 없습니다. 인간에게 영원한 만족이란 불가능하므로 행복이란 본질적으로 소극적인 것이며 고통으로부터의 해방이라고 정의할 수 있습니다.

생에의 의지 때문에 인간은 무엇인가를 욕구하게 되고, 이를 충족시키지 못해 고통스러운 삶을 살 수밖에 없다면, 어떻게 행복에 이를 수 있을까요? 고통이라는 것이 만족되지 않은 충동이나 욕구를 의미한다는 것을 생각하면 그 답은 매우 간단합니다. 의지의 지배로부터 자신을 벗어나게 해야 합니다. 다시 말해 욕구나 충동에서 벗어나는 삶, 즉 금욕적인 삶을 사는 것이 바로 행복에 이를 수 있는 길입니다. 이를 쇼펜하우어는 '의지의 부정'이라고 표현하였습니다.

쇼펜하우어는 고통을 줄일 수 있는 몇 가지 방법을 제시하였습니다. 첫째는 예술과 같이 순수한 미적 체험이나 보편적 이데아를 철학적으로 관조함으로써 의지로부터 해방될 수 있습니다. 순수한 미적 체험은 이기적인 욕망이나 이해관계를 떠나 순수한 관조를 가능하게 합니다. 또 단순한 현상이 아니라 현상을 초월해 존재하는 보편적인 이데아, 즉 본질을 직관하는 철학적 관조 또한 의지의 개입에서 벗어나게 해줍니다. 미적 관조나 사물의 보편적 본질을 직시하는 철학적 관조 활동을 통해 인간은 자신의 맹목적인 의지와 일시적이나마 떨어져 있을 수 있습니다. 맹목적 의지와 결별하는 그 순간 인간은 확실한 행복을 느끼게 됩니다. 결국 예술이나 철학적 관조에 몰입하게 됨으로써 자아의식을 잃게 될 때, 의지가 나를 지배하지 않게 되어 행복을 느낄 수 있다는 것입니다.

첫 번째 방법은 너무 일시적인 방법이기 때문에 두 번째 윤리학적인 방법을 제시합니다. 나에게서 발견되는 의지는 나에게만 있는 것이 아니라 모든 사람이 지니고 있다는 것을 먼저 자각해야 합니다. 하나의 의지로부터 인간은 비슷한 내용의 고통을 겪고 있습니다. 다시 말해 나의 고통이나 다른 사람의 고통이 다른 것이 아니라 결국 하나임을 깨닫고 서로 동정심을 발휘하는 것입니다. 이는 불교 사상과 일맥상통합니다.

불교에서는 만물이 인연으로 생겨나 서로 연결되어 있다고 생각합니다. 이를 자타불이(自他不二), 즉 자신과 타인이 둘이 아니라고 표현합니다. 이러한 생각은 타인의 고통을 자신의 고통처럼 느낄 수 있게 만들어 자비심과 이타심을 갖게 합니다. 마찬가지로 쇼펜하우어가 강조하는 동정심이란 이기적인 삶에서 벗어나 이타적인 마음을 갖는 것입니다. 상호 동정심의 발휘를 통해 인간은 고통을 조금이나마 덜고 행복을 느낄 수 있습니다.

그러나 이러한 방법은 모두 생에의 의지로부터 초래하는 의지를 완전하게 제거할 수 있는 방법은 아닙니다. 결국 생에의 의지를 완전하게 부정하지 않고서는 평온한 행복에 도달할 수 없습니다. 그래서 많은 사람들은 쇼펜하우어가 혹시 자살을 긍정하지 않았을까 하고 착각하기도 합니다. 하지만 쇼펜하우어는 고통스러운 삶을 피해 자살하는 것에 반대하였습니다.

쇼펜하우어는 삶이 고통스럽기 때문에 자살하는 것은 사실상 그가 고통과 반대되는 향락과 욕망을 추구하는 사람임을 입증하는 것에 불과하다고 생각했습니다. 즉, 자살을 선택한 사람은 향락과 쾌락을 바라지만 그것이 잘 성취되지 않기 때문에 고통을 느껴서 삶을 포기하는 것입니다. 쇼펜하우어의 표현대로 하면 이것이야말로 의지의 부정이 아니라 의지를 긍정하는 행위입니다. 자살은 맹목적 의지에 의해 지배되어 어리석게 희생되는 것일 뿐이며 고통에서 벗어날 수 있는 근본적인 처방이 아닙니다.

결국 쇼펜하우어가 생각하는 진정한 행복은 의지의 완전한 부정을 통해서만 이룰 수 있습니다. 의지를 완전히 부정하기 위해서는 금욕적인 삶을 통해 욕망을 갖지 않는 삶을 살아야만 합니다. 쇼펜하우어는 이러한 주장이 본질적으로 불교의 교리와 동일하다고 주장합니다. 그렇다면 불교에서 말하는 열반의 경지, 즉 고통에서 해방된 경지는 어떻게 도달할 수 있는 것일까요? 불교 이론을 간단하게 살펴봅시다.

불교에서는 사성제라고 해서 현실과 열반에 관한 4가지 진리를 강조하는데, 각각 고성제, 집성제, 멸성제, 도성제라고 합니다. 이는 석가모니가 제시한 불교의 근본 교리이기도 합니다.

첫째, 고성제(苦聖蹄)란 인간의 현실적인 삶이 고통이라는 것입니다. 대표적인 고통으로는 생로병사(生老病死)와 같이 누구나 피할 수 없는 고통이 있습니다. 즉, 인간이 태어나서 늙고 병들고 죽을 수밖에 없는데, 이러한 현실적인 삶의 모습이 모두 고통이라는 진리입니다.

둘째, 집성제(集聖諦)란 인간의 현실적인 삶이 고통인 원인에 대한 설명입니다. 인간은 무명(無明)으로 인해 탐욕과 집착을 갖기 때문에 번뇌가 모여 고통스러운 삶을 살게 된다는 진리입니다. 무명은 불교에서 인간이 고통스러운 삶을 사는 가장 근원적인 이유로 여겨집니다. 무명을 한자 그대로 풀이하면 '밝지 못하다'는 뜻인데, 세상 만물은 고정 불변하는 것이 아니라 원래부터 실체가 없어서 집착하려 해도 잡을 수 없는 것임을 깨닫지 못하는 것입니다.

예를 들어, 어떤 사람이 담배를 피우다가 갑자기 자신이 내뿜은 담배 연기가 너무 멋있어서 그것을 비닐에 담아가려고 낑낑대고 있다고 가정해봅시다. 아마 정상적인 사람이라면 그 모습을 보고 참 어리석다고 생각할 것입니다. 왜냐하면 담배 연기는 비닐에 담아도 금방 사라져버릴 것이 분명한데 집착하기 때문입니다.

여기서 조금만 더 생각을 발전시켜봅시다. 우리가 추구하는 돈, 명예, 권력이라는 것도 사실은 담배 연기와 같은 것으로 잡으려 하더라도 금방 사라질 것에 불과합니다. 깨달음을 얻은 사람의 입장에서 중생들이 욕심을 부리는 모습은 참 어리석어 보일 것입니다.

한국 사람들은 외모에 참 관심이 많습니다. 그래서 한 살 한 살 나이를 먹고, 늙어가는 것에서 고통을 느끼는 사람이 많이 있습니다. 하지만 젊음도 본래 영원한 것이 아니므로 집착하면 할수록 고통만 커질 뿐입니다. 이처럼 불교에서는 세상 모든 것은 변한다는 사실을 깨닫지 못하는 무명으로 인해 수많은 집착과 탐욕이 생겨난다고 주장합니다. 이러한 집착과 탐욕이 바로 고통을 낳는 원인이 되고, 이로 인해 번뇌와 고통이 모이는 것을 집성제라고 하는 것입니다. 이러한 설명은 쇼펜하우어가 인간의 삶이 고통임을 설명하는 방식과 본질적으로 다르지 않다고 할 수 있습니다.

셋째, 멸성제(滅聖諦)란 탐욕과 집착이 모두 사라진 상태를 말합니다. 이러한 상태를 열반의 경지, 또는 해탈의 경지라고 부릅니다. 해탈의 경지에 도달하면 더 이상 집착과 탐욕을 갖지 않기 때문에 마음의 고요와 평온을 누리게 됩니다. 이러한 경지가 불교에서 추구하는 궁극적인 깨달음의 경지입니다.

넷째, 도성제(道聖諦)란 열반의 경지에 이르는 방법을 의미합니다. 석가모니는 탐욕과 집착을 버리는 수행방법으로 팔정도를 제시하였습니다. 정견(正見), 정사유(正思惟), 정어(正語), 정업(正業), 정명(正命), 정념(正念), 정정진(正精進), 정정(正定)의 여덟 가지 바른 길을 걸음으로써 열반의 경지에 갈 수 있다는 진리입니다. 물론 이러한 방법을 쇼펜하우어가 그대로 주장하지는 않았지만 열반의 경지로 가기 위해 탐욕을 제거할 수 있는 바른 노력이 필요하다는 점은 공통점이라고 할 수 있습니다.

쇼펜하우어가 주장한 행복에 이르는 방법과 불교에서 말하는 열반의 경지에 이르는 과정은 크게 다르지 않습니다. 불교에서는 열반에 이르기 위해 수행을 통해 나라는 것도 없으며[무아(無我)], 내가 욕심을 부리는 모든 사물들도 결국 영원히 실재하는 것이 아니라 무(無)임을 깨닫고 사물과 자신에 대한 탐욕과 집착을 제거해야 한다고 강조합니다. 마찬가지로 쇼펜하우어 또한 우리에게 너무나 확실하게 보이는 이 세계는 무(無)에 불과하다고 주장합니다. 따라서 진정한 행복은 의지의 부정, 즉 금욕적인 삶을 살아감으로써 이기심을 극복한 무의지의 상태에 도달할 때만이 가능한 것입니다.

02
러셀의 행복론

불행의 원인

러셀(Russell, 1872~1970)은 20세기 최고의 지성으로 불릴 정도로 현대 철학의 흐름에 한 획을 그은 철학자입니다. 그는 영국의 대표적인 철학자일 뿐만 아니라 수학자, 논리학자이며 노벨 문학상 수상자이기도 합니다. 러셀은 자신의 저서에서 자신이 행복하게 태어나지 않았고, 청년 시절 자살 유혹에 시달렸지만 수학을 더 알고 싶다는 학구열 때문에 계속 삶을 이어 갈 수 있었다고 밝히기도 하였습니다. 이처럼 그는 한때 불행한 삶을 살았지만, 천재적인 통찰을 통해 행복을 정복하는 방법을 깨닫고 현대인들에게 그 방법을 아낌없이 전수해주고 있습니다.

러셀은 행복을 직접 다룬 그의 명저 『행복의 정복 The Conquest of Happiness』에서 행복을 정복할 수 있는 길을 모색합니다. 이를 위해 불행의 원인과 행복의 원인을 나누어 고찰합니다. 먼저 러셀이 제시한 불행의 원인을 하나씩 살펴보도록 하겠습니다.

첫째는 바이런적 불행입니다. 바이런은 영국의 염세주의 시인 이름에서 따온 용어입니다. 즉, 염세적인 생각을 가지고 사는 사람은 불행하다는 의미입니다. 그는 이 세상은 고통스럽고 허무하다고 생각하는 이유가 오늘날에는 너무 쉽게 자연적 욕구를 만족할 수 있게 되었기 때문이라고 주장합니다. 역설적으로 모든 것을 다 가지고 있는 사람이 원하는 것을 가지지 못한 사람에 비해 불행할 수 있다는 것입니다.

예컨대 군대에서는 몰래 초코파이 하나를 먹으면서도 행복을 느낄 수 있지만 초코파이를 늘 쉽게 먹을 수 있는 사람은 그것에서 행복을 느낄 수 없을 것입니다. 따라서 러셀은 염세적인 삶에서 벗어날 수 있는 해결책으로 우리의 거의 모든 에너지를 사용해야만 기본적인 육체적 욕구를 만족시킬 수 있는 어려운 생활을 경험해보라고 충고합니다. 실제로 고생을 정말 많이 한 사람이 사소한 일에도 감사하며 긍정적으로 살아가는 경우를 우리는 종종 볼 수 있습니다.

두 번째 불행의 원인은 경쟁입니다. 많은 사람들이 자신은 생존을 위한 경쟁을 하고 있다고 말하지만, 실제로는 내일 먹을 식사거리를 얻기 위해 경쟁하는 것이 아닙니다. 현대인들은 오히려 성공을 위한 경쟁을 하며 살고 있습니다. 다시 말해 경쟁에서 이겨야만 삶을 영위할 수 있는 상황이 아님에도 이웃에 뒤처지지 않기 위해, 보다 우월해지기 위해, 성공 그 자체를 위해 경쟁하고 있다는 것입니다. 자신의 삶을 반성해본다면 남보다 우월해지기 위해 힘든 삶을 살아가고 있다는 것을 깨달을 수 있을 것입니다. 주위를 둘러보면 많은 학부모들이 자녀들을 유치원 시절부터 경쟁의 틀 안에 가두고 있습니다. 다른 아이들이 하는 것은 다 시켜야 직성이 풀리고, 남이 하는 것을 하지 않으면 경쟁에서 뒤쳐진다고 생각해 불안해합니다.

그러나 러셀은 성공이 삶의 목적이 되어버리면, 성공한 후에 그 성공을 처리할 방법을 몰라 결국 권태에 빠지게 된다고 주장합니다. 예컨대 남보다 좋은 대학에 가는 것이 목적이어서 원하지도 않는 학과에 지원에 합격하고 나면 당장은 기쁠 수 있겠지만 곧 권태에 빠져서 대학 생활을 허망하게 보낼 수도 있겠지요.

러셀은 경쟁이라는 것이 필요하다는 것은 인정합니다. 하지만 경쟁에서 존경받는 대상은 성공 그 자체가 아니라 성공의 진짜 원인이라고 할 수 있는 탁월함(Excellence)이라고 말합니다. 남보다 잘하는 것이 의미 있는 것이 아니라 자신의 재능을 키워나가는 것이 더 중요합니다. 따라서 이러한 불행을 극복하기 위해 큰 성공이 아니라 건전하고 조용한 즐거움을 삶의 한 부분으로 수용하라고 조언해주었습니다.

세 번째 불행의 원인은 권태입니다. 권태라는 감정은 동물은 겪지 못하는 인간의 특수한 감정입니다. 권태가 찾아오는 이유는 현재 상태와 보다 더 좋은 상태를 상상하며 현실과 상대적으로 비교하기 때문에 발생합니다. 또는 자신의 재능을 마음껏 발휘하지 못해 발생하기도 합니다. 인간은 누구나 권태에서 벗어나기를 바라기 때문에 자극적인 것을 추구합니다. 그러나 자극적인 것을 추구하게 되면 그것이 끝났을 때 더 큰 권태가 찾아옵니다.

예컨대 술을 진탕 먹으며 자극적인 밤을 보내고 나면 다음날 아침에는 전날 즐겼던 것에 비례해 권태로울 수밖에 없습니다. 최악의 경우 어떤 사람은 마약과 같은 방법을 사용하기도 하겠지만 이러한 방법으로 권태를 피할 수는 없습니다. 오히려 지나치게 자극적인 쾌락을 추구하지 않는 것이 권태를 줄이는 데 더 도움이 됩니다.

러셀은 권태로 인한 불행에서 벗어날 것을 설득하기 위해, 위대한 책에도 예외 없이 지루한 부분이 포함되어 있듯이 위대한 삶에도 권태로운 기간이 포함되어 있다는 것을 알아야 한다고 비유적으로 설명합니다. 실제로 논어나 성경과 같은 동서양의 유명한 고전뿐만 아니라 베스트셀러인 소설책도 결코 처음부터 끝까지 지루한 부분이 없을 수 없습니다. 위인들의 삶 또한 위인전에 소개된 몇 가지 장면을 빼면 우리에게 큰 감동을 주지 못합니다. 대철학자인 칸트도 평생을 자신이 태어난 쾨니히스베르크를 떠나지 않고 단조로운 삶을 살았습니다.

그런데 오늘날 부모들은 자녀들에게 매일매일 다양한 자극을 제공하기 위해 노력합니다. 러셀은 이러한 양육 태도를 비판하면서, 자녀 스스로 창의적 노력을 통해 쾌락을 얻도록 해야 하며, 영화처럼 육체적 노력 없이 자극적인 쾌락만 제공하는 것을 자주 제공하지 말라고 충고합니다. 오히려 부모는 생일과 같이 특별한 의미가 있는 날이 아니라면 비슷한 일상이라도 참아야 한다는 것을 자녀들에게 가르쳐야 한다고 주장합니다. 왜냐하면 자극적인 쾌락에 빠지면 마약 중독자와 같이 약한 자극으로는 만족감을 느끼지 못하고 더 강렬한 자극을 원하게 되기 때문입니다.

오늘날 많은 어린 학생들이, 심지어 어른들까지 인터넷 중독이나 스마트폰 중독에 빠져 정상적인 생활을 못하는 이유도 이러한 이유 때문이 아닐까요? 따라서 러셀은 권태가 누구에게나 찾아오는 자연스러운 현상임을 깨닫고 조용한 분위기 속에서 참된 기쁨을 느낄 줄 알아야 한다고 충고합니다.

네 번째 불행의 원인은 피로입니다. 오늘날과 같이 기술이 발달한 사회에서 순수한 육체적 피로도 있지만 더 큰 불행의 원인이 되는 피로는 신경의 피로입니다. 러셀은 현대 사회에서 인간은 필연적으로 피로를 느낄 수밖에 없는데, 피로는 대개 걱정으로 인해 발생한다고 보았습니다. 그런데 현대인들은 자신의 생각을 잘 통제하지 못하기 때문에 걱정이 더 큰 걱정을 낳는 악순환을 거듭하고 있습니다. 이를 해결하기 위해서는 걱정을 일으키는 자기 생각을 적절히 통제하는 훈련을 쌓아야 합니다.

러셀은 구체적으로 걱정을 해결하는 방법을 제시해주었습니다. 불행이 찾아왔을 때 얼마간 미래에 생길 수 있는 가능성 중에 최악의 가능성을 신중하게 생각해봅니다. 그렇게 한 후에 확신을 갖고 자기 자신에게 '그래, 결국 그렇게 중요한 것은 아니야.'라고 말해보면 걱정이 크게 감소할 것이라고 조언합니다. 누구나 실제로 첫 출근, 첫인사,

첫 발표 등 처음 해보는 일을 할 때 큰 걱정을 하지만 실제로 일어나지도 않거나, 대단한 일이 벌어지지도 않는데도 괜히 큰 걱정을 했던 기억이 있을 것입니다. 따라서 지나친 걱정을 버리고 적절한 정도의 걱정을 하는 현명함이 필요합니다.

다섯 번째 불행의 원인은 질투입니다. 질투는 한 살짜리 어린아이부터 어른에 이르기까지 누구나 지니고 있는 감정 중 하나입니다. 심지어 형제간에도 부모님이 자기보다 동생을 더 사랑하면 바로 질투하곤 합니다. 실제로 자기보다 잘 차려입은 사람을 보면 단점을 찾으려 노력하고, 잘 나가는 연예인의 스캔들이 사회에 커다란 이슈가 되는 것은 질투심의 표현이라 할 수 있습니다. 러셀에 의하면 남자는 같은 직업을 지닌 남자를 경쟁자로 의식하는 데 비해 여자는 모든 여성을 경쟁자로 인식한다고 보았습니다. 실제로 남성 정치인이 많은 사람들 앞에서 다른 남성 정치인을 칭찬하는 것을 보기란 매우 어렵습니다.

그런데 러셀은 질투를 사람들이 지니고 있는 감정 중에 가장 불행한 감정이라고 보았습니다. 왜냐하면 질투심이 강한 사람은 타인이 불행해지기를 바라고, 타인이 불행해지도록 행동하기 때문에 결국 자신마저도 불행해지기 때문입니다. 질투는 자신에게 기쁨을 느끼지 못하게 만들고 타인이 지닌 것을 부러워하면서 고통을 유발하는 감정입니다. 안타깝게도 현대 사회에는 질투가 특히 만연해 있는데 이는 경쟁이 중요한 원인입니다. 따라서 러셀은 자신을 타인과 비교하는 습관부터 버려야 한다고 충고합니다.

예를 들어 주말의 저녁 식사로 삼겹살을 구워 먹으며 행복해 하다가도 '다른 사람들은 한우 꽃등심을 먹으며 즐거워하고 있을 텐데'라고 생각하는 순간 나의 행복은 사라져버립니다. 기쁜 일이 생겼을 때 그 순간을 마음껏 즐겨야지 타인과 비교해서는 안 됩니다. 또 '내 월급은 200만 원인데, 어떤 사람은 500만 원을 받겠지'라는 생각은 자신을 불행하게 만들 뿐입니다. 돈보다 더 중요한 것은 행복입니다. 돈이 많은 사람도 행복한 사람을 부러워하기 마련입니다. 무엇보다 중요한 행복을 지키기 위해서는 자신의 현재 상황을 타인과 비교하지 말고 그 자체로 기뻐할 줄 아는 태도가 필요합니다.

여섯 번째 불행을 초래하는 원인은 죄의식입니다. 러셀에 의하면 우리가 죄의식을 느끼는 원인은 유아기에 받은 도덕교육 때문입니다. 어릴 적에는 누구나 거짓말은 절대 해서는 안 된다고 교육을 받으며 욕설, 비속어를 사용하면 부모님께 혼이 납니다. 또한 술, 담배를 하는 것은 부도덕한 짓이며, 성에 관한 흥미는 잘못된 것이라고 교육을 받습니다. 러셀은 이러한 도덕교육이 무의식 속에 깊이 박혀 성인이 되어서도 죄의식을 유발한다고 보았습니다. 여기서 중요한 점은 도덕교육 그 자체가 문제라는 것이 아니라 도덕교육의 근거가 합리적이지 못하다는 것입니다.

다시 말해, 때에 따라 선의의 거짓말을 하는 것은 용납될 수 있습니다. 또한 비속어를 사용한다고 해서 반드시 나쁜 사람이라고 할 수 없으며, 어른이 술, 담배를 하는 것은 건강에 해로울 수 있으나 도덕적으로 죄를 짓는 행위는 아닙니다. 그러나 어릴 적에 부모님 말씀이 성인기까지 영향을 미치게 되면 술, 담배를 할 때마다 양심의 가책을 느껴 불행해질 수 있습니다. 이처럼 죄의식은 불행의 원인일 뿐만 아니라 인간의 자존감마저 약화시킵니다. 따라서 러셀은 죄의식을 극복하기 위해 죄의식의 원인을 이성적 사고를 바탕으로 세밀하게 검토해보고 이러한 감정이 불합리한 것이라는 확신을 가지라고 조언합니다.

일곱 번째 불행을 초래하는 원인은 피해망상입니다. 이러한 유형의 사람들은 자신이 다른 사람들보다 불친절한 대우를 받거나, 유독 배신을 많이 당한다고 스스로 생각하며 남에게 자신의 신세타령을 늘어놓곤 합니다. 확률적으로 사회생활을 하다 보면 누구나 비슷한 횟수의 부당한 대우를 받겠지만 유달리 그런 대우를 많이 받는다고 생각하는 사람들은 그 원인이 타인이 아니라 자기 자신에게 있을 수 있습니다. 다시 말해 부당한 대우를 당하지도 않았는데 당했다고 상상하는 것입니다. 그런데 이렇게 피해망상에 사로잡힌 사람은 사람들이 좋아하지 않기 때문에 상황을 더 악화시킬 수 있습니다.

사람들은 남들이 자기를 사랑해주고 아껴주길 바라지만 정작 자기 자신은 타인의 험담을 하고 싶은 충동을 참지 못하고 남의 흉을 봄으로써 타인의 피해망상을 유발합니다. 또한 자기 자신의 장점은 분명하게 잘 알고 있지만 남의 장점은 마음먹고 찾아보아야 간신히 볼 수 있습니다. 우리는 누가 자신의 욕을 했다는 말을 들으면 그 사람에게 잘 해준 것들은 금세 기억해내지만 그에게 잘못한 것은 잘 떠올리지 못합니다. 중요한 것은 입장을 바꿔 생각해보면 상대방도 나의 장점이나 내가 잘 해준 기억은 잘 떠올리지 못하고 반대의 경우는 잘 떠올린다는 점입니다. 이처럼 누구에게나 단점이 있을 수밖에 없으며 완전한 사람은 없음을 깨달아야 합니다.

러셀은 피해망상을 예방하기 위해 자신이 보기에는 이타적으로 보이는 자신의 동기가 항상 이타적이지는 않음을 자각해야 하며, 자기 자신의 장점을 과대평가해서는 안 된다고 강조합니다. 실제로 정치인들 중에는 자신의 주장을 통해 좋은 세상을 만들 수 있다고 믿어 사회에 봉사한다고 주장하는 사람들이 있습니다. 이러한 사람들의 동기를 잘 살펴보면 자신이 사회 변화를 주도할 생각을 하며 그 과정에서 쾌락을 얻고자 한다거나 권력욕이라는 다른 욕심이 숨어 있을 수 있습니다.

아울러 러셀은 자기가 자기 자신에게 관심을 갖는 만큼 다른 사람들이 나에게 관심을 지닐 것이라고 착각하지 말아야 한다고 충고합니다. 실제로 피해망상에 빠진 사람들은 타인이 한쪽에 모여 수군수군 수다를 떨면 자신에 대한 험담을 하고 있다고 상상하면서 엄청나게 괴로워합니다. 하지만 실제로는 다른 이야기를 하고 있을 뿐만 아니라 그 사람에 대해서는 관심조차 없는 경우가 대다수일 것입니다. 인간은 자기 입장에서 자신의 문제에 대해 생각하지 남의 입장에서 타인을 먼저 생각하는 법은 없습니다. 이것은 친한 친구 간에도 마찬가지입니다. 따라서 타인이 나한테 관심을 쏟을 것이라는 지나친 기대를 버릴 때 피해망상에서 벗어날 수 있습니다.

마지막으로 여론에 대한 공포도 불행을 초래합니다. 왜냐하면 자신의 관점이나 생활 방식이 자신과 관계를 맺고 있는 사람들로부터 동의를 받지 못한다면 행복을 느낄 수 없기 때문입니다. 그런데 현대 사회는 종교, 정치 이념, 가치관, 도덕적 신념이 완전히 다른 여러 부류의 사람들이 함께 살고 있으므로 때로는 자신의 입장이 배척당할 수 있습니다. 따돌림 당하는 것이 싫어서 자기 의견을 포기하고 남의 의견을 지나치게 존중하는 획일적인 삶은 결코 행복할 수 없습니다.

개는 자기를 무관심하게 대하는 사람보다 자기를 무서워하는 사람에게 더 난폭하게 물려고 달려듭니다. 마찬가지로 여론에 무관심하면 여론도 공격하지 않을 것입니다. 그렇다고 해서 대중들의 의견을 완전히 무시하라는 것은 아닙니다. 예를 들어, 내가 연예인이 되려고 하는 연예인 지망생이라고 가정해봅시다. 그런데 부모님은 이에 반대해 딴따라가 되는 것은 절대 안 된다고 하면서 네가 계속 우기면 호적에서 파버리겠다고 엄포를 놓기도 하고, 좋은 말로 커서 후회할 테니 빨리 포기하라고 설득도 하고 있습니다. 이러한 상황에서 나에게 연예인이 될 재능이 정말 없다면 부모님의 의견을 듣는 것이 옳을 수 있습니다.

그러나 설령 부모님의 판단이 맞더라도 이러한 사실을 연예계의 전문가를 통해서 곧 알게 될 것이고, 그때 다른 직업을 선택해도 충분히 성공할 수 있습니다. 따라서 부모님의 의견이 나의 꿈을 포기해야 하는 충분한 이유가 될 수는 없습니다. 물론 초보자는 전문가의 의견은 존중해야 할 필요가 있습니다. 하지만 전문가가 아닌 주변 사람들의 의견에 따라서 좌지우지 되는 삶은 결코 바람직하지 않습니다. 주위 사람들의 의견이나 여론을 무관심하게 대하는 자세는 행복에 필요한 정신적 자유를 얻도록 해줍니다.

행복의 원인

러셀은 불행의 원인을 살펴본 후 행복의 원인을 구체적으로 하나하나 밝히기에 앞서 행복해지기 위한 비결을 간명하게 제시합니다. 러셀이 생각하는 행복 비결은 과연 무엇일까요? 그 비결은 바로, 가능한 한 폭넓은 관심을 갖되 자신이 관심을 갖는 모든 것에 가능한 한 우호적인 반응을 보이라는 것입니다. 이 말은 자기중심적 사고와 생활양식에서 벗어나 세상에 대한 폭넓은 관심을 통해 행복의 원천을 늘려야 한다는 것입니다. 이는 앞서 살펴본 밀의 행복론과 다르지 않습니다. 아울러 행복의 원천을 늘리기만 해서는 안 되고 내가 관심을 갖고 있는 사람과 사물을 통해 행복을 얻기 위해서는 우호적 태도를 보여야만 한다는 점을 명심해야 합니다.

러셀이 주장한 행복의 비결을 잘 음미해보면 너무 당연한 진리입니다. 우리의 마음속에 우리가 싫어하고 미워하는 대상이 들어오면 슬픔을 느끼게 됩니다. 반대로 우리는 누군가와 사랑에 빠졌을 때, 즉 내 마음속에 내가 호감을 가지고 있는 다른 누군가가 들어왔을 때 무한한 행복을 느끼게 됩니다. 그것이 꼭 사랑하는 사람이 아니라 물건,

책, 꽃, 자연, 신일 수도 있을 것입니다. 행복해지기 위해서는 혹시라도 내가 자기 자신의 일에만 관심을 쏟고 있지는 않은지, 타인과 사물에 우호적인 반응 대신 적대감을 갖고 살아가지는 않는지 깊이 반성해 보아야 할 것입니다.

이제 러셀이 제시한 행복의 원인을 하나씩 살펴봅시다. 그는 행복한 사람들이 지니고 있는 특징을 토대로 다음과 같이 주장합니다.

첫 번째 행복의 원인은 열정입니다. 행복한 사람은 대부분 열정을 지니고 있습니다. 러셀은 무절제한 열정과 진정한 열정을 다르다는 점을 강조합니다. 그는 개개인의 다양한 취미와 욕망을 열정적으로 추구하는 것이 행복을 가져온다고 보았습니다. 그러나 자신의 건강, 전반적인 생활수준이나 수입 등을 현실적으로 고려해 절제하며 열정을 발휘해야만 그 열정이 행복의 원천이 될 수 있다고 당부합니다.

예컨대 자신의 일은 등한시하면서 낚시, 등산, 골프 등 취미 생활에 빠져 있거나, 아니면 취미 생활에 빠져 가족을 돌봐야 할 의무를 하지 않거나 알코올 중독과 같이 육체적 쾌락에 지나치게 빠져 있다면 그것은 오히려 불행을 낳을 것입니다. 즉, 절제의 덕을 발휘할 줄 알아야 열정이 행복을 가져올 수 있습니다.

두 번째 행복의 원인은 사랑입니다. 러셀은 사랑이 열정을 촉진시키는 중요한 원인이며, 반대로 사랑받지 못하면 열정을 잃게 된다고 주장합니다. 부모에게 사랑을 받지 못한 아이는 겁이 많아져서 세상을 살아갈 때 모험심을 가지고 즐겁게 살아가지 못하고, 오히려 우울하고 내성적인 삶을 살 수 있습니다. 러셀은 안정감을 지니고 사는 사람이 행복하기 마련인데 이는 호혜적인 사랑으로부터 기인한다고 보았습니다. 다시 말해 자기 자신은 사랑을 베풀지 않으면서 타인의 사랑만 기대하는 것은 바람직한 태도가 아닙니다.

사랑과 관련해 주의해야 할 점이 있는데 사랑과 소유욕을 구분하지 못하는 것입니다. 러셀에 의하면, 자녀에 대한 소유욕이 강한 부모의 사랑은 자녀가 세상을 스스로 해쳐나가게 하는 것이 아니라 부모에게 의지하기를 바라는 사랑입니다. 이 경우는 부모의 사랑이 오히려 자녀에게 해가 될 수 있습니다. 또, 남자가 겁이 많은 여자를 좋아하는 데는 이유가 있습니다. 겁 많은 여자를 보호해주면서 여성에 대한 소유 의식을 더 강화시킬 수 있기 때문입니다. 이처럼 불안감에서 생겨난 사랑은 최고 형태의 사랑이 아닙니다.

최고 형태의 사랑은 서로가 생명을 주는(life giving) 사랑입니다. 이러한 사랑은 서로 기쁘게 사랑을 받고, 서로 억지로 노력하지 않으면서 사랑을 주며, 그리고 서로 행복하기 때문에 온 세상을 더 흥미 있게 즐길 수 있게 하는 사랑입니다. 이처럼 서로 주고받는 호혜적인 사랑이 행복을 가져오는 최고 형태의 사랑입니다.

세 번째 행복의 원인은 가족입니다. 러셀은 가족 간의 사랑이 본래 가장 큰 행복의 원천이 될 수 있는데, 현대에 들어와서 가족 제도가 와해되면서 가족끼리 사랑을 나누지 못하고 있다고 진단합니다. 다시 말해 현대인들이 지니고 있는 보편적인 불만을 유발하는 가장 근본적 원인이 가족 간의 사랑이 부족하기 때문이라는 것입니다. 부모가 되는 것은 인생에서 지속적인 행복을 얻을 수 있는 중요한 방법입니다. 아이를 낳고 기르는 행위는 나의 생을 현세에서 마치는 것이 아니라 미래로 연장하는 중요한 의미가 있습니다.

부모 자식 간의 사랑은 친구와 애인을 사랑하는 것과 다릅니다. 친구와 애인은 장점이나 매력이 없어지면 내 곁을 떠나지만 부모는 자식에게 어떤 일이 있더라도 떠나지 않기 때문입니다. 따라서 부모의 사랑은 자녀에게 깊은 위로감과 안정감을 줄 수 있습니다. 이러한 특성으로 인해 부모는 자녀에 대한 지배욕과 자녀의 행복에 대한 욕구 사이에서 갈등하곤 합니다.

자녀는 부모가 원하는 방향으로 자기 인생이나 꿈을 설정해서 살지 않습니다. 그럼에도 불구하고 부모가 자식에게 많은 희생을 했다는 이유로 부모의 의도와 다른 방향으로 살아가는 것을 막으려 한다면 서로 불행할 수 있습니다. 자녀가 스스로의 삶을 살아가는 것을 수용하지 못하는 것은 자녀에 대한 소유욕이나 지배욕에서 기인하는 것으로 자녀들을 오히려 나쁜 길로 빠지게 할 수 있습니다.

반대로 자녀들과 행복한 관계를 맺고 싶거나 자녀들의 행복을 바라는 부모라면 자녀에 대한 권력욕을 버리고 순수한 마음으로 자녀를 대해야 합니다. 러셀은 부모로서 기쁨을 누릴 수 있는 사람은 어린아이한테도 존경심을 가질 수 있는 사람뿐이라고 말합니다. 따라서 부모들은 자녀에 대한 강압적인 태도를 버리고 자녀의 인격을 존중해야 합니다. 이렇게 할 때 오히려 자녀는 올바른 길로 나아가게 될 것입니다.

네 번째 행복의 원인은 일입니다. 과도한 노동은 물론 고통이겠지만 일도 중요한 행복의 원천이 됩니다. 일을 흥미롭게 만드는 두 가지 중요한 요소가 있는데, 하나는 기술의 발휘이고 하나는 건설입니다. 사람들은 특별한 기술을 익히고 그 기술을 발휘하면서 즐거움을 느끼기 마련입니다. 예를 들어 아이들은 물구나무서기나 팽이 돌리기 등 어떤 기술을 익히면 더 완벽한 기술을 구사하기 위해 노력하면서 쾌감을 느낍니다. 마찬가지로 곡예비행사는 목숨을 걸고 더 어려운 기술을 습득하려고 노력하고 그 기술이 완성되었을 때 형언할 수 없는 쾌감을 느낄 것이고, 외과 의사는 다양한 난관을 극복하고 수술을 성공적으로 해냈을 때 큰 만족감을 얻을 것입니다.

또 어떤 일을 끝냄으로써 영구적으로 남을 만한 기념비적인 것을 건설할 수 있는데, 이는 기술의 발휘보다 더 중요한 행복의 원천이 될 수 있습니다. 그렇다고 해서 위대한 예술가나 과학자처럼 역사에 길이 남을 그러한 업적만을 이야기하는 것은 아닙니다. 자기가 종사하는 일이 유용하며 전문적인 기술이 필요하다고 생각하는 사람은 이러한 종류의 즐거움을 얻을 수 있습니다. 이러한 만족감은 대단한 일뿐만 아니라 자녀를 낳아 훌륭하게 키우는 일도 해당됩니다.

러셀은 자신의 일을 통해 행복을 느끼기 위해서는 인생을 전체적인 관점에서 보는 습관이 필요하다고 주장합니다. 왜냐하면 인생을 전체적인 관점에서 볼 때 우리는 하나의 지속적인 목적을 위해 살아가면서 점진적인 만족과 자존감을 높일 수 있으며, 그러한 여건을 조성하기 위해 노력할 수 있기 때문입니다.

다섯 번째 행복의 원인은 자기와 직접 관련 없는 것에 대해 품는 일반적인 관심입니다. 이러한 관심은 여가를 채워 주며 심각한 일에서 생기는 긴장을 이완시켜 줍니다. 또한 자기가 하는 일에 지나치게 몰입하는 것을 예방해 삶의 균형을 찾도록 도와줍니다. 자기 일에만 너무 몰입하면 인간관계가 약화될 수 있고, 심하면 가족에게도 소원할 수 있으며 주위의 많은 행복의 원천을 놓치게 될 것입니다. 따라서 자신과 직접 관련된 일들에만 관심을 집중하는 태도를 버려야 합니다. 이를 위해서는 지금 당장 자신에게는 자신이 하는 일이 엄청나게 중요하게 여겨질 수 있겠지만 인류 전체적 관점에서 볼 때 아주 사소한 일에 불과하며, 내가 하는 일에 영향을 받지 않는 사람이 무한히 많다는 사실을 깨달아야 합니다.

그렇다고 해서 러셀이 인간의 가치를 과소평가하는 것은 아닙니다. 그는 인류가 지구상에서 매우 짧은 시간 살아가는 하찮은 존재에 지나지 않음을 인식하는 것도 중요하지만, 동시에 한 개인이 다른 어떤 존재보다 무한한 가치를 지닌 위대한 존재라는 사실도 자각해야 한다고 주장합니다. 즉, 자기 자신을 평가할 때 균형 잡힌 시각이 필요하다는 것입니다.

일반적 관심을 갖는 것이 중요한 또 다른 이유가 있습니다. 우리는 살면서 근심과 걱정을 하지 않을 수 없습니다. 예를 들어 자녀가 병에 걸렸을 때, 사업이 경제적 어려움에 봉착했을 때, 부부싸움을 했을 때, 공부를 했는데 성과가 기대에 미치지 못할 때, 승진하지 못했을 때 누구나 걱정에 사로잡힐 수밖에 없습니다. 최악의 경우 매우 사소한 일임에도 불구하고 나라를 잃은 것처럼 고민에 빠져 스스로 자신의 기운을 낭비하기도 합니다.

그러나 걱정이 있더라도 자신이 좋아하는 음악을 듣거나, 추리 소설을 읽거나, 장기를 두는 등 당장의 걱정거리에만 몰두하지 않고 다른 것에 관심을 돌릴 수 있는 사람은 보다 행복한 삶을 살 수 있습니다. 슬프고 힘든 일이 있다고 해서 계속 슬퍼하기만 하는 것보다는 오히려 슬픔을 줄이기 위해 최선을 다해 노력하는 것이 현명한 태도입니다. 즉, 슬픔에 빠져 있는 우리의 관심을 다른 곳으로 돌리고, 걱정거리로부터 일정한 거리를 두기 위한 방안을 모색해야 합니다. 이를 위해 불행이 찾아오기 전에 미리 미리 폭넓은 관심사를 마련해둘 필요가 있습니다.

여섯 번째 행복의 원인은 노력과 체념을 조화시킬 수 있는 마음자세입니다. 대부분 사람들은 부자가 아니므로 생계유지를 위해서는 일정한 노력이 필요합니다. 그런데 인간은 노력을 통해 단지 자신의 생명만을 유지하려는 것이 아니라 커다란 성취감을 얻기를 기대합니다. 그러나 경쟁 사회의 특성상 누구나 성공을 누릴 수 없습니다. 경쟁에서 승리한 극소수만이 성공을 누리게 됩니다. 따라서 불가피한 불행을 만났을 때 시간과 감정을 허비하지 않기 위해서는 체념할 줄도 알아야 합니다.

이러한 삶의 태도를 러셀은 '동양의 지혜'라고 말하고 있습니다. 다시 말해 자신이 뜻한 바를 성취하기 위해 최선을 다해 노력하되, 성공과 실패 여부는 자신의 뜻대로 되는 것이 아니라 하늘에 달려 있다고 생각하는 태도를 의미합니다. 이와 관련해 우리가 잘 알고 있는 한자성어로 '진인사대천명(盡人事待天命)'이라는 말이 있습니다. 이 말의 뜻은 인간이 최선의 노력을 다한 후에는 천명을 기다려야 한다는 뜻입니다. 이처럼 러셀은 어떤 일이든 최선을 다해 노력하는 자세뿐만 아니라 그 결과는 운명에 맡긴다는 체념의 태도가 안정적인 행복을 누리기 위해 필요하다고 주장합니다.

마지막으로 러셀은 행복한 사람의 특성에 대해 설명합니다. 그는 인간의 열정과 관심이 내부가 아니라 외부를 지향한다면 행복을 성취할 수 있다고 주장합니다. 이는 감옥 안에서는 대부분의 사람들이 행복을 느끼지 못하는 것과 같아서 자아 안에 자신을 가두면 불행해지는 것과 같은 이치입니다. 자기 자신만 사랑하는 사람은 열정의 대상이 항상 자기 자신이 될 수밖에 없어서 필연적으로 견딜 수 없는 권태에 빠지게 됩니다. 하지만 행복한 사람은 자유로운 사랑과 폭넓은 관심을 가지고 객관적으로 살아갑니다. 아울러 자신의 사랑과 관심이 다른 사람의 관심과 애정의 대상이 된다는 사실을 깨닫고 자신의 행복을 확립하며 살아갑니다.

러셀은 행복이 기다리면 저절로 찾아오는 행운이 아님을 강조합니다. 행복은 그것을 성취하는 데 필요한 생각의 변화와 절제된 삶의 태도를 가지고 노력을 통해 정복해야 할 대상입니다. 러셀은 행복한 삶이 선한 삶과 대단히 흡사하다고 강조하면서 행복해지기 위해서는 자기 자신에 관심을 집중하고 자신만을 사랑하는 것이 아니라 오히려 관심을 외부로 돌려야 한다고 계속해서 강조합니다.

행복을 위해서는 자기중심적 관점에서 벗어나 세계 전체와 미래 세대에게까지 관심과 애정의 범위를 확대해야 합니다. 행복은 내 안에만 있는 것이 아니라 세계에 더 많이 있기에 자기를 초월해 세계 전체에 대해 다양한 관심을 갖는다면, 권태에서 벗어나 더 많은 행복을 성취할 수 있는 기회를 얻을 수 있습니다. 이러한 러셀의 충고는 이기주의적 쾌락과 오직 자신에 대한 관심으로 인해 권태에 빠진 현대인들에게 깊은 교훈을 주고 있습니다.

결 론: 행복에 이르는 길

결 론: 행복에 이르는 길

행복의 본질

행복에 이르는 본질적 요소는 과연 무엇일까요? 질문에 답하기에 앞서 행복과 관련된 문제를 다루는 철학의 분야가 윤리학이므로 먼저 윤리학을 대표하는 덕 윤리, 공리주의, 칸트의 의무론에 나타난 행복론을 다시 정리해보겠습니다.

먼저 아리스토텔레스의 덕 윤리에서 행복에 대한 입장은 포괄론적 관점과 우월론적 관점으로 나누어져 있습니다. 하지만 이 두 입장 모두 행복이 삶의 궁극적 목적임을 전제하는 데에 있어서는 이견이 없으며, 행복에 대한 정의도 동일합니다. 즉, 행복이란 "덕(탁월성)에 따르는 영혼의 활동"을 의미합니다. 단지 차이가 있다면 행복을 가져오는 덕이 지적인 덕과 품성적 덕 전체를 의미하는 것인지, 아니면 가장 우월한 덕인 '철학적 지혜(sophia)'만을 의미하는 것인지에 따라 포괄론과 우월론으로 구별될 뿐입니다. 결론적으로 아리스토텔레스의 덕 윤리에서 행복에 이르는 본질적 요소는 바로 덕입니다.

다음으로 벤담과 밀의 공리주의도 아리스토텔레스와 마찬가지로 행복을 최고선이자 궁극적 목적으로 설정하였습니다. 벤담의 양적 공리주의 철학을 한층 발전시킨 질적 공리주의자 밀은 유용성의 원리를 포기하지 않고 공리주의의 틀 안에서 덕과 행복이 밀접한 관련이 있음을 강조하였습니다. 그는 덕이 행복에 도달하는 수단일 뿐만 아니라 행복이라는 목적의 일부분이 될 수 있다고 주장한 바 있습니다. 그는 부, 명예, 권력의 추구는 사회 전체 행복에 해가 될 수 있지만 덕은 그렇지 않다는 점에서 덕만이 지니는 차별성을 강조하였습니다. 밀이 덕을 행복에 이르는 가장 중요한 수단이라고 여겨 덕을 사랑하고 쌓아야 한다고 역설한 것에서 행복과 덕이 불가분의 관계를 맺고 있음을 알 수 있습니다.

마지막으로 칸트는 행복과 덕을 최고선을 이루는 두 가지 요소로 보았습니다. 그는 우리가 추구해야 할 최고선이 달성되기 위해서는 덕과 행복이 모두 필요하다고 강조하였습니다. 이러한 주장을 통해 칸트가 덕뿐만 아니라 행복을 중시하였다는 것을 알 수 있습니다. 게다가 도덕적인 사람이 행복을 누려야 한다고 생각해 신의 존재를 요청하기까지 하였습니다. 그러나 그는 행복이 덕보다 결코 우선할 수 없음을 강조하였습니다. 행복해지기 위한 조건으로서 먼저 덕을 갖출 것을 강조한 것입니다. 이처럼 칸트도 아리스토텔레스와 밀과 마찬가지로 최고선을 위해 덕이 필요하며 행복 추구를 부정하지 않았다는 점에서는 중요한 일치점을 보입니다.

행복의 본질적 요소를 발견하려는 우리의 목적을 위해서는 이 세 가지 윤리학의 공통점에 주목할 필요가 있습니다. 아리스토텔레스는 덕에 따르는 영혼의 활동을 행복으로 보았으며, 공리주의자 밀은 덕을 행복에 이르는 가장 중요한 수단이자 행복이라는 목적의 일부분으로 파악하였고, 칸트도 덕과 비례하는 행복의 중요성에 대해 역설하였습니다. 이처럼 윤리학의 세 가지 관점 모두에서 행복과 덕은 불가분의 관계를 지니고 있음을 강조하고 있습니다. 결국 세 가지 윤리학 모두 행복의 필수 요소가 덕이며, 덕 없이는 결코 진정한 행복에 도달할 수 없음을 주장하고 있는 것입니다. 이를 통해 덕을 함양하지 않고는 진정한 행복에 결코 도달할 수 없다는 시사점을 얻을 수 있습니다.

그런데 행복에 이르는 본질적 요소로 덕을 강조한 것은 아리스토텔레스, 칸트, 밀에 국한된 것은 아닙니다. 지덕복합일설을 주장한 소크라테스와 지혜, 용기, 절제, 정의의 4주덕을 갖춘 사람이 행복하다고 본 플라톤뿐만 아니라 헬레니즘 시대의 대표적인 행복론인 에피쿠로스학파와 스토아학파의 사상도 마찬가지 입니다. 먼저 스토아학파에게 행복이란 이성을 통해 정념에서 해방된 평온한 마음 상태(Apatheia)를 의미합니다. 이러한 상태에 도달하기 위해 스토아철학자들은 이성에 따르는 덕스러운 삶을 주문한 바 있습니다.

스토아학파와 같은 시대를 살았던 에피쿠로스학파의 경우에는 쾌락을 행복한 삶의 핵심으로 간주하였습니다. 그들이 주장한 행복이란 몸에는 고통이 없고 마음에는 근심과 불안이 없는 평온한 상태(Ataraxia)입니다. 에피쿠로스는 쾌락주의자이기는 하지만 쾌락이라고 모두 추구해야 하는 것도 아니며, 고통이라고 해서 모두 회피하지 말아야 한다고 보았습니다. 진정한 쾌락을 위해서는 이성적으로 사려 깊게 생각해 추구해야 할 쾌락과 회피해야 할 고통을 잘 선택해야 함을 강조하였습니다. 다시 말해 실천적 지혜(phronesis)와 같은 덕의 발휘를 통해 신중하게 쾌락을 추구해야 한다는 것입니다. 에피쿠로스는 덕의 발휘 유무가 쾌락이라는 목적의 달성을 위해 중요한 수단이 된다고 본 것입니다.

중세에는 신적 지복을 추구하는 아우구스티누스와 아퀴나스의 철학이 큰 영향을 미쳤습니다. 그들은 신에게 구원을 받음으로써 현세가 아니라 내세에서 영원하고 완전한 행복에 이를 수 있다고 보았습니다. 그들은 모두 신을 완전한 선, 최고의 선으로 규정하고 인간이 신을 향해 나아가 신과 합일을 이룰 때 행복에 이를 수 있다고 주장하였습니다. 아우구스티누스는 행복에 이르기 위해 최고의 덕인 신에 대한 사랑을 강조하였습니다. 아퀴나스도 『신학대전』에서 인간이 신으로부터 행복을 얻기 위해서는 올바른 의지를 갖출 필요가 있음을 강조하였습니다. 아퀴나스는 아리스토텔레스가 주장한 자연적 덕으로는 완전한 행복에 도달할 수 없다고 보고, 완전한 행복을 위해 믿음, 소망, 사랑의 신학적 덕이 필요하다고 주장하였습니다. 결국 그들은 완전한 행복에 이르기 위해 자유의지를 선하게 사용하고 도덕적 덕과 종교적 덕을 실천해야 한다고 본 것입니다.

근대 합리론을 대표하는 스피노자는 정념의 예속으로부터 벗어난 자유로운 상태를 행복으로 간주하였습니다. 그는 우주가 신의 본성의 필연성에 의해 결정되어 있음을 강조하고, 이성을 통해 이러한 법칙을 파악해야 행복을 누릴 수 있다고 보았습니다. 스피노자는『에티카』에서 이성의 지도에 따르는 삶이 덕 있는 삶이며, 덕의 실천을 통해 지복에 이를 수 있음을 강조합니다. 자신의 본성 안에 있는 이성의 능력을 발휘하는 삶, 즉 유덕한 삶을 통해 참된 인식을 얻어 정념의 예속에서 해방될 때만이 지복(至福)을 누릴 수 있다는 것입니다.

현대 철학자 쇼펜하우어는 생에의 맹목적 의지가 세계를 지배하기 때문에 인간의 삶은 고통스러울 수밖에 없다고 보았습니다. 그는 인간의 행복을 고통으로부터의 해탈로 정의하였습니다. 그리고 이러한 고통에서 벗어나기 위해 탐욕과 집착을 버리는 '의지의 부정'을 해답으로 제시하였습니다. 결국 이기심과 욕심을 버리는 도덕적인 삶을 살 때만이 행복에 도달할 수 있다는 주장입니다.

마지막으로 현대 철학자 러셀이 행복의 비결로 제시했던 내용, 즉 우리가 관심을 갖고 있는 사물과 사람들에게 우호적인 태도를 갖으라고 했던 것도 결국에는 타인뿐만 아니라 사물까지도 도덕적으로 배려해야 한다는 주장입니다. 즉, 행복하게 살기 위해서는 이기적인 태도와 자기중심적인 삶에서 탈피해 도덕적인 삶의 태도를 갖춰야 한다는 것입니다.

고대부터 현대에 이르기까지 행복에 관한 철학자들의 주장은 상이하게 보일 수 있습니다. 그러나 시대마다 각양각색의 다양한 행복론이 존재할지라도 그 안에는 공통적인 내용이 있으며, 그 공통점이 바로 행복의 핵심적 요소라 할 수 있을 것입니다. 앞서 살펴보았듯이 많은 철학자들은 행복이 덕을 실천하는 삶을 살아야 성취 가능한 것이라고 보는 공통점을 지닙니다. 비록 행복과 관련된 철학자들의 주장이 세부적으로는 차이점이 존재하지만 덕을 행복한 삶의 본질로 파악한 공통점은 행복의 열쇠를 찾고 있는 우리가 반드시 명심해야 할 점입니다. 우리는 이러한 교훈을 음미해 행복을 찾아 나서야 합니다.

덕과 행복

철학자 별로 덕이 의미하는 바를 세부적으로 따져 본다면 그 의미는 조금씩 다릅니다. 그러나 대부분 이성적인 삶을 덕스러운 삶으로 보는 공통점이 존재합니다. 예컨대 아리스토텔레스는 인간의 고유한 기능인 이성이 탁월하게 발휘할 때 덕이 형성될 수 있다고 보았습니다. 스토아학파와 스피노자는 자연의 본성에 따르는 이성적인 삶을, 에피쿠로스학파는 이성을 발휘해 어떤 쾌락을 추구할 것인가를 심사숙고하는 태도를, 칸트는 실천이성의 명령에 따르는 삶을 덕스러운 삶으로 여겼습니다. 공리주의에서 강조하는 덕은 최대다수의 최대 행복을 위해 때로는 자신의 이익까지도 포기기하고 타인을 배려하는 마음이라고 할 수 있습니다. 밀이 강조한 덕 역시 따뜻한 감정과 동시에 이성의 발휘되어야 가능한 것이 아닐까요? 공리주의자들은 자신들의 이론이 이성을 지닌 사람들이라면 이미 따를 수밖에 없는 이론이라고 보았습니다.

우리는 행복을 위해 돈, 명예, 권력을 추구합니다. 자본주의 사회에서 돈만 있으면 원하는 것을 다 할 수 있을 것 같은 유혹이 생깁니다. 몇 천 원 몇 만 원 아끼기 위해서 구질구질하게 인터넷을 돌아다니고, 고장이 난 물건을 고쳐 쓰려고 몇 시간씩 삐질 삐질 땀을 흘리며 시간을 허비하고, 남들은 소고기 꽃등심을 먹는데 삼겹살이나 먹어야 하고, 럭셔리하게 외제차 한번 몰고 다니고 싶은데 현실은 중고차나 타고 다닐 때 정말 돈만 있으면 행복할 것 같다는 생각이 듭니다.

그러나 인생을 돌아보면 돈이 가장 많았을 때가 인생에서 가장 행복한 순간은 아닐 것입니다. 예를 들어 대학교 때가 가장 행복했다고 생각할 수 있습니다. 대학교 때는 주머니 사정이 녹록치 못해서 여기저기 빌붙어서 선배들에게 얻어먹고, 라면과 김밥만 있어도 세상 부럽지 않게 큰 기쁨을 누릴 수 있습니다. 만약 삼겹살이라도 먹게 되면 행복감은 말로 형언할 수 없겠죠.

결혼해서도 마찬가지입니다. 돈이 많아서 큰 집을 사서 출발한 부부도 있겠지만, 돈이 없어 월세방에서 살면서도 아끼고 아껴서 집도 사고 집안 살림도 하나씩 늘려가다 보면 부자들보다 더 큰 행복감을 누릴 수 있습니다. 오히려 모든 것을 갖춘 부자가 가난한 사람보다 덜 행복할 수 있습니다. 기본적으로 의식주도 해결 못할 정도가 아니라면, 물질적 만족에서 행복을 찾을 수는 없습니다. 행복은 물질적 조건이 아니라 우리들의 정신에 달려 있는 문제입니다. 기왕 누릴 행복이라면 누가보아도 인생을 잘 살았다고 평가받으면서 동시에 행복한 삶을 사는 것이 의미 있을 것입니다.

그런데 돈, 명예, 권력을 통해 행복을 얻으려 한다면 우리는 쉽게 행복에 도달할 수 없습니다. 그것들은 있다가도 없고, 없다가도 있을 수 있는 것이므로, 이것이 없어지는 순간 우리는 인생의 의미도 행복도 모두 빼앗기게 됩니다.

'부러우면 지는 것이다'라는 말이 있습니다. 우리는 도덕적이지 못한 방법으로 높은 지위에 오르고, 부자가 된 사람들을 부러워할 필요가 있을까요? 만약 그들에게 높은 사회적 지위와 부가 없다면 과연 우리는 그 사람들을 부러워할까요? 아마 그 사람을 바로 외면하게 될 것입니다. 왜냐하면 사실 우리가 부러워한 것은 돈이나 사회적 지위이지 그 사람 자체를 부러워하거나 존경한 것은 결코 아니기 때문입니다. 반면에 내면화된 덕은 쉽게 사라지는 것도 누가 도둑질해 갈 수 있는 것도 아닙니다. 덕이 있는 사람은 돈과 높은 지위가 없다고 해도 그 성품으로 인해 타인으로부터 사랑과 존경을 받기 때문에 평생 자존감을 지키고 진정으로 행복할 수 있을 것입니다.

행복으로의 여정

덕을 통해 행복에 이를 수 있다면, 어떻게 덕스러운 삶을 살 수 있을까요? 인간은 이성과 감정을 모두 지니고 있습니다. 감정은 주로 욕망과 충동으로 나타나는데, 이것은 우리를 욕심 많은 이기적인 사람으로 만들거나 화 잘 내는 사람, 짜증 많이 내는 사람, 우울한 사람, 겁이 많은 사람, 속 좁은 사람으로 만듭니다. 물론 정이 많은 사람이 될 수도 있지만 정이 너무 많은 사람은 자기와 친한 사람이라면 나쁜 행동을 해도 다 받아주기 때문에 장기적 관점에서 좋은 관계를 유지하기 어렵고, 도덕적으로도 바람직하지 않습니다. 따라서 이성이 감정과 적절히 결합되어야 합니다. 이성이라는 것은 인간만이 가지고 있는 보물이자 덕을 쌓는 데 없어서는 안 될 필수재료입니다. 누구나 지니고 있기에 그 소중함을 간과할 수 있지만 이성 없이 인간이 인간다운 삶을 살 수 없습니다.

소크라테스와 아리스토텔레스의 주장처럼 우리는 이성을 사용해 행복에 도달할 수 있습니다. 이성은 인간의 정신과 감정을 올바른 방향으로 이끌고, 나와 타인을 비교함에 있어서 이기적인 태도에서 벗어나 자기 자신을 객관적으로 볼 수 있는 안목을 갖도록 만들어줍니다. 또한 타인의 감정과 상황을 진심으로 이해하게 도와줍니다. 이를 통해 우리는 타인에 대한 무관심에서 관심으로, 미움에서 사랑으로 나아갈 수 있게 됩니다. 이성은 '나'라는 작은 틀에서 벗어나 더 큰 인식의 틀을 갖고 세상을 볼 있도록 해주는 역할을 합니다. 이성이 덜 발달한 어린 시절에는 자기 자신만 생각하다가 이성이 점차 발달하면서 자기 중심적 관점을 탈피할 수 있게 됩니다. 이러한 이성의 작용은 우리가 타인을 위해 덕을 베풀고 행복으로 나아갈 수 있는 원동력이라 할 수 있습니다.

물론 우리는 이성을 잘못 사용하기도 합니다. 이성을 잘못 사용해 타인과 자꾸 물질적, 육체적인 부분을 비교하면 결코 행복해질 수 없습니다. 누구의 수입은 얼마고, 누구의 아내는 착하고 예쁘고, 누구의 남편은 돈도 잘 벌고, 누구의 자식은 공부도 잘하고 이런 식으로 생각하면 최고가 아닌 한 결코 행복할 수가 없습니다. 이런 생각은 결국 욕심 때문에 생기는 현상입니다. 이러한 행복은 자신만 행복하면 된다는 생각을 전제하고 있습니다. 우리는 항상 모든 분야에서 최고가 될 수 없습니다. 따라서 상대적인 비교 우위를 통해서는 결코 행복에 이를 수 없다는 것을 깨달아야 합니다.

아리스토텔레스의 주장처럼 우리는 우리의 감정을 적절히 표현할 수 있는 사람이 되어야 합니다. 우리는 행복의 많은 부분을 다른 사람들과의 관계 속에서 얻기 때문입니다. 그런데 살다 보면 감정을 잘 조절하지 못해 말실수를 하거나 경솔한 행동을 하곤 합니다. 예를 들어 남이 말할 때 적절한 반응을 보이고 칭찬도 할 줄 알아야 합니다. 그렇다고 너무 빈말을 하거나 과잉반응을 보이면 자신의 신뢰가 떨어질 것입니다. 행복을 위해서는 아리스토텔레스가 제시한 중용을 실천하기 위해 노력해야 할 필요가 있습니다.

헬레니즘 시대의 스토아학파나 에피쿠로스학파의 철학자들처럼 우리는 힘들고 어려운 순간에도 행복을 추구할 수 있다는 사실을 잊어서는 안 됩니다. 에피쿠로스의 주장처럼 우리가 욕심을 조금만 내려놓으면 더 큰 행복을 누릴 수 있게 됩니다. 욕심을 채워서 성취욕도 느끼고 짜릿한 행복을 맛볼 수도 있지만 반대로 욕심을 버려서 바라는 것을 적게 만들면 우리는 작은 일에서도 얼마든지 커다란 행복감을 느낄 수 있게 됩니다. 욕심이 많으면 우리는 죽는 날까지 행복을 누릴 수 없다는 것을 명심해야 합니다.

스토아학파의 주장처럼 우리는 주어진 물질적 조건이나 환경을 인정할 필요가 있습니다. 자신의 외모, 물질적 조건, 사회적 지위에 불평만 하고 있다면 우리는 현재에서 행복을 느낄 수 없습니다. 따라서 외적인 조건에 대한 우리의 생각을 바꾸려는 노력을 해야 합니다. 주어진 조건을 어떻게 인식하느냐에 따라 우리의 행복 여부도 좌우됩니다. 소유욕, 명예욕을 버리고 물질적 조건이나 환경에 초연할 수 있는 덕스러운 삶을 산다면 우리는 보다 쉽게 행복에 도달할 수 있습니다. 돈, 명예, 권력이라는 것도 결국에는 행복하기 위해서 추구하는 것입니다. 절대 돈, 명예, 권력을 쫓다가 정작 중요한 행복을 잃어버려서는 안 됩니다. 그 어떤 것도 행복보다 우선할 수 없다는 것을 잊지 말아야 합니다.

크리스트교를 믿고 있다면, 중세 철학자의 주장대로 신과 하나 되려는 노력을 통해 행복에 도달할 수 있습니다. 물론 다른 종교를 믿고 있다고 해도 초월자에 대한 믿음과 신과의 합일을 위한 노력을 통해 행복을 누릴 수 있을 것입니다. 무신론자라 하더라도 우리는 종교의 가르침에서 배울 점이 있습니다. 모든 종교의 신은 악을 권하지 않고 선을 권장하며, 인간관계에서 사랑과 같은 덕을 베풀고 살 것을 계시합니다. 또한 종교는 현세에서 우리가 매일매일 아등바등 추구하면서 매달려 있는 것들이 정말 의미 있는 것인지를 냉철하게 반성할 수 있도록 해줍니다. 따라서 신의 뜻에 따라 덕을 행하는 삶을 산다면 영적 만족과 행복을 누릴 수 있을 것입니다.

근대 철학자 스피노자는 정념의 예속에서 벗어난 삶을 통해 자유인으로서의 행복을 누려야 한다고 강조한 바 있습니다. 우리는 스피노자의 주장처럼 이성을 통해 모든 일의 인과관계를 파악하는 덕스러운 삶을 살려고 노력해야 합니다. 인간관계에서 서로가 서로를 미워하는데에는 분명 어떤 이유가 있습니다. 이유가 없다고 생각하는 것은 그 원인을 알려고 노력조차 하지 않기 때문입니다. 미움이라는 감정은 타인에게 악행을 하도록 유발하는 원인이 될 뿐만 아니라 자기 스스로를 불행에 빠뜨리기도 합니다.

우리는 우리가 느끼는 감정과 타인이 나를 대하는 감정에는 분명 이유가 있다고 생각하는 자세가 필요합니다. 서로 이유도 없이 미워한다고 생각하면 감정의 골만 더 깊어질 따름입니다. 아무리 미운 사람이 있더라도 그 사람이 그러한 행동을 하는 데는 어쩔 수 없는 어떤 필연적인 이유가 있을 것이라는 생각을 가져야 합니다. 이러한 생각이 있어야 우리는 비로소 서로를 이해하려고 노력할 것이고 또 진정으로 이해할 수 있을 것입니다. 이러한 마음 자세를 실천할 때 나를 사로잡았던 미움의 감정에서 벗어나 다른 사람들을 사랑하고 행복한 삶을 살 수 있습니다.

공리주의 철학은 나뿐만 아니라 타인의 행복을 위해서도 노력을 기울여야 한다는 사실을 잘 알려주고 있습니다. 우리는 행복을 고려할 때 나를 기준으로 생각해서는 안 됩니다. 타인의 입장도 나와 동등하게 고려하는 자세가 필요합니다. 공리주의자 밀이 주장했듯이 우리는 우리의 행복이 타인이 베풀어준 덕에 의한 것임을 깨달아야 합니다. 자기가 혼자 잘나서 무엇인가를 성취한 것이 아니라 타인의 도움이 있었기 때문이라고 생각할 때 모든 일에 감사하는 마음을 갖게 됩니다. 모두가 행복을 사회 전체적 관점에서 공평하게 바라보는 눈을 가질 때 사회는 그 만큼 더 따뜻해지고 행복하게 변화될 것입니다.

나아가 행복을 성취할 때 단지 육체적 쾌락뿐만이 아니라 인간의 고급 능력을 발휘하면 더 질 높은 행복을 누릴 수 있다는 것을 명심해야 합니다. 인간의 품위를 지킬 수 있는 행동, 즉 덕스러운 행동을 통해서 행복을 성취하는 것이 가장 고급스러운 행복일 것입니다. 하지만 이러한 행복 추구는 쉬운 일이 아닙니다. 그래서 우리는 주위 상황이 질 높은 행복을 추구하기에 녹록치 않으면 자기 합리화를 하면서 쉽게 추구할 수 있는 감각적 쾌락과 같은 질 낮은 행복을 추구하면서 그냥저냥 살기도 합니다. 하지만 인간인 이상 우리는 결코 질 낮은 행복을 질 높은 행복과 바꾸지 않을 것입니다. 진정한 행복을 위해서는 이러한 내면의 소리를 간과해서는 안 됩니다. 질 높은 행복도 진정으로 원하고 부단히 노력하면 성취할 수 있다는 사실을 잊어서는 안

될 것입니다.

도덕 철학을 대표하는 칸트 또한 덕과 행복을 최고선을 이루는 요소로 보아 강조한 바 있습니다. 칸트는 여러 저서를 통해 덕과 행복 중에 덕이 더 중요하다는 것을 일관되게 밝히고 있습니다. 하지만 칸트가 결코 행복의 추구를 반대하지 않았습니다. 그가 덕을 강조한 것은 부덕한 사람이 행복해서는 안 되고, 덕스러운 사람이 행복해야 한다는 그의 이상을 표방하기 위한 것임을 명심해야 할 것입니다. 착하게 사는 사람이 행복한 세상, 이것은 단지 유토피아적 목표가 아니라 우리가 현실에서 실현해야 할 목표이기도 합니다.

우리는 칸트의 주장을 통해 보편타당한 관점에서 '너는 행복할 자격이 있다'는 말을 듣기 위해서는 덕을 갖춰야 한다는 것을 깨달을 수 있습니다. 우리 주위에는 악의 유혹이 너무나도 많습니다. 나쁜 짓인지 알면서도 우리는 이 유혹을 이기지 못해 종종 나쁜 짓을 하면서 살아갑니다. 양심에는 찔리지만 양심을 어기고 살아갈 때 오히려 더 행복하다고 착각하기도 합니다. 왜냐하면 주위를 둘러보면 착한 사람이 손해보고 나쁜 사람이 이익을 보는 경우를 많이 목격하게 되기 때문입니다. 하지만 그것은 행복의 기준을 저급한 데 둔 결과입니다.

악행을 통해서는 진정한 행복을 누릴 수 없습니다. 우리는 다른 사람은 다 속여도 자기 자신은 결코 속일 수 없기 때문입니다. 인간이라면 나쁜 짓을 해서 얻은 행복을 누리면서 스스로 당당하게 살 수는 없습니다. 자신의 양심의 소리를 외면하고 자기 자신을 속이기 위해서는 자신의 영혼을 버려야만 합니다. 이를 위해서는 성찰하고 반성하는 삶이 아니라 방탕한 쾌락적인 삶에 고의로 빠져들어야 합니다. 쾌락에 빠져 잠깐 자신의 악행을 잊을 수 있어도 결국에는 양심을 버린 만큼 불행해질 수밖에 없습니다. 우리는 덕을 통해 누구에게나 존경받는 당당한 행복을 누려야 할 것입니다.

현대 철학자 쇼펜하우어는 염세주의자로 불리지만 행복으로 가는 길을 제시해 주었습니다. 우리가 살다 보면 매일 행복할 수는 없습니다. 비관적인 관점에서 우리의 삶을 바라보면 우리의 일상은 매우 단조롭기 때문에 권태에 빠질 수밖에 없습니다. 하지만 이렇게 비관적으로 세상을 살 수는 없습니다. 염세주의에서 탈출하기 위해서는 우리가 삶을 고통으로 생각하는 이유가 바로 욕망 때문임을 깨달아야 합니다. 세상이 나를 버려서가 아니라 나의 끝없는 욕망이 나를 불행하게 만드는 원인임을 알아야만 우리는 욕망을 극복하기 위한 노력을 할 수 있습니다. 삶이 고통스럽게 느껴질 때 우리는 너무 많은 욕심을 갖고 있지 않은지 스스로 성찰해볼 필요가 있습니다. 현실에서 행복해지기 위해서는 욕망에서 벗어나려는 노력이 필요하다는 것을 잊지 말아야 할 것입니다.

아울러 러셀의 주장처럼 행복을 위해서는 자기 자신이라는 작은 틀에서 벗어나야 합니다. 작은 틀로 세상을 살아갈수록 불행할 수밖에 없습니다. 세상을 바라보는 틀의 크기를 더 확장하기 위해서는 이성으로 큰일과 작은 일을 구분해서 행동해야 합니다. 대수롭지 않을 일로도 크게 화내고 하루 종일 근심 걱정하는 것은 어리석은 일입니다.

예컨대 친구가 생일 선물로 값싼 볼펜을 준다면 우리는 크게 기뻐하지 않습니다. 그러나 그것을 잃어버리면 열 배는 슬퍼합니다. 어떤 사람은 더 슬퍼하기 위해 그 볼펜에 많은 의미를 억지로 부여합니다. 친한 친구가 준 것이고, 생일 선물이고, 이 볼펜으로 공부하면 정말 잘 되고 등등 자꾸 생각하면서 슬퍼할 이유를 만들어 갑니다. 볼펜은 그냥 다시 사면 그만이라고 생각할 수도 있을 텐데 말입니다. 작은 일은 작게 생각해야 합니다.

큰 틀에서 보면 인생에서 일어나는 일은 대부분 작고 금방 지나갈 일입니다. 많은 사람들이 자기 이익과 관련된 일이면 큰일이라고 착각하지만 알고 보면 작은 일인 경우가 대부분입니다. 그중에서도 대부분은 돈으로 해결할 수 있는 일들인데, 돈으로 해결할 수 있는 일은 특히 작은 일이라 할 수 있습니다. 정말 큰일은 돈으로 해결되지 않습니다.

아울러 불행한 순간에 빠져들고 집중하기보다는 내 인생에서 이 순간은 매우 짧은 순간에 불과하다는 것을 깨달아야 합니다. 인생은 순간에 멈춰있는 것이 아니라 계속해서 진행되고 있습니다. 따라서 긴 흐름 속에서 현재의 순간을 바라보는 연습이 필요합니다. 이러한 마음 자세를 통해 우리는 덕이 있는 사람이 되고, 불행에서 행복으로 나아갈 수 있습니다.

우리는 지금까지 덕스러운 삶을 살아야 행복할 수 있음을 살펴보았습니다. 그런데 사실 덕, 또는 도덕적인 삶의 자세는 혼자 살 때는 불필요한 것입니다. 우리는 혼자 사는 존재가 아니라 함께 살아가는 사회적 존재입니다. 우리는 항상 누군가와 함께 살아가고 타인과의 관계 속에서 행복을 느끼고, 불행도 느끼며 살아갑니다. 덕이라는 것은 타인과 관계를 맺는 데 있어서 윤활유와 같은 역할을 합니다. 러셀이 우리가 관계 맺는 사람들과 호의적 관계를 맺으라고 강조했던 것을 잊어서는 안 됩니다. 아리스토텔레스도 진정한 우정은 서로가 잘 되기를 바라는 마음을 갖는 것이라고 주장한 바 있습니다.

살다 보면 타인에게는 좋은 일이지만 자신에게는 손해가 되는 일이 종종 발생합니다. 때로는 타인에게 생긴 좋은 일에 질투심이나 시기심이 생기기도 합니다. 그러나 타인이 느끼는 기쁨을 사심 없이 함께 기뻐해줄 수 있는 그런 사람이 되어야 우리는 자신의 일뿐만 아니라 타인의 일에서도 행복을 느낄 수 있습니다. 이렇게 살아야만 행복의 원천이 몇 배 증가하게 되는 것입니다. 진심으로 타인의 기쁨을 함께 한다면 상대방도 그것을 마음으로 느끼게 될 것이고, 상대방 또한 나의 성공을 위해 적극적으로 도와줄 것입니다. 우리는 서로가 서로를 위하는 마음을 느낄 때 따뜻한 행복감을 맛볼 수 있습니다.

그런데 살다 보면 편법을 사용해서라도 행복해지고 싶은 욕망에 사로잡히게 됩니다. 중요한 시험에서 컨닝을 해서라도 합격하고 싶고, 뇌물을 써서라도 회사에서 승진하고 싶은 마음이 들 수 있습니다. 그러나 부정한 방법으로 얻은 이익은 반드시 선량한 피해자를 낳습니다. 부정의로 인한 피해자가 바로 자신이나 자신의 가족이라고 생각해봅시다. 그것은 형언할 수 없는 고통을 줄 것입니다. 우리가 부당한 피해를 받고 싶지 않다면 우리 또한 비도덕적인 방법을 사용하지 말아야 합니다. 우리가 비도덕적인 방법을 사용해 당장은 이익을 얻었다고 해도 장기적으로 볼 때 비도덕적 행위가 근절되지 않는다면 우리도

언젠가는 억울한 피해자가 될 수 있는 가능성을 안고 불안하게 살아야만 합니다.

우리는 누구나 도덕적인 사람이 행복한 사회가 오기를 꿈꾸면서도 도덕적으로 살려고 최선을 다해 노력하지 않기도 합니다. 또 어떤 사람은 사회가 비도덕적이기 때문에 도덕적으로 살면 손해만 본다고 주장하기도 합니다. 한국 사회는 도덕적인 사람이 행복할까요, 비도덕적인 사람이 더 행복할까요? 만약 비도덕적인 사람이 더 행복하다면 그것은 사회의 탓일까요, 우리들의 탓일까요? 도덕적이거나 비도덕적인 사회의 풍토나 분위기도 그 사회에 속한 사회 구성원들이 만든 것에 불과합니다. 따라서 사회 탓, 남의 탓만 하고 있어서는 안 됩니다.

대부분의 사람들은 항상 비도덕적으로 살지 않고 적당히 도덕적으로 살고 있습니다. 그러나 비도덕적인 행동 하나가 사회 전체를 비도덕적으로 만들 수 있다는 사실을 명심해야 합니다. 우리는 한적한 도로를 운전하다가 앞의 차들이 빨간불을 그냥 무시하고 달리게 되면 뒤에 오던 차들도 덩달아 빨간불을 무시하는 것을 종종 보게 됩니다. 삼인성호(三人成虎)라는 말이 있듯이, 호랑이가 나타났다고 거짓말을 하는 사람이 세 명만 있으면 많은 사람들을 상대로 거짓을 진실로 믿게 만들 수 있습니다. 우리가 유혹에 빠져 '이번 한 번만 하고 말아야지'라고 생각해 저지른 비도덕적 행동 하나가 많은 사람들을 비도덕으로 만들 수 있습니다. 반면에 우리가 먼저 빨간불에 차를 세운다면 뒤에 오는 차들도 멈추게 할 수 있습니다. 결국 우리 자신이 먼저 도덕적으로 변해야 사회도 도덕적으로 변하고 더 많은 사람들이 행복한 삶을 살 수 있습니다.

덕은 덕을 낳습니다. 진정한 행복은 나 혼자 행복해지려고 할 때 성취되는 것이 아닙니다. 자기를 넘어 더 많은 사람들이 덕을 갖추면 갖출수록 우리는 행복한 삶을 살 수 있습니다. 행복이란 자신과 타인의 삶이 연결되어 있음을 깨닫고 덕을 발휘하는 과정에서 충분한 만족과 기쁨을 느끼는 것이 아닐까요? 진정한 행복이 무엇인지에 대한 공감대가 형성되고 각자가 덕스러운 삶을 살기위해 노력할 때 우리는 타인의 덕에 의해 행복해지고, 자신의 덕스러움으로 인해 타인 또한 행복해질 것입니다.

인생은 자주 여행에 비유되곤 합니다. 행복한 여행이 되기 위해 가장 중요한 것은 무엇일까요? 그것은 여행 장소도 아니고, 여행에서 먹는 음식도 아니고, 여행지의 풍경도 아닙니다. 왜냐하면 함께 여행하는 사람이 좋은 사람이 아니라면 아무리 좋은 곳, 좋은 음식, 좋은 풍경을 접하더라도 그 여행에서 행복을 얻을 수 없기 때문입니다. 마찬가지로 인생이 행복하기 위해서는 인생을 함께 살아가는 사람들이 좋은 사람이어야 하고, 자기 자신 또한 타인의 행복을 위해 덕을 갖춘 좋은 사람이 되어야 할 것입니다.

여러분은 지금 행복한 미래를 위해 어떤 준비를 하고 있나요? 행복한 학교생활, 행복한 직장 생활, 행복한 결혼 생활, 행복한 은퇴 후를 위해 무엇부터 해야 할까 고민이신가요? 그 답을 아신다면 실천해 보시길 추천드립니다.

찾아보기

저자 소개

임정환

"아리스토텔레스와 공리주의 철학이 행복교육을 위한 교육과정에 주는 함의"라는 주제로 연구해 박사학위를 취득했다. "생활과 윤리"(비상교육) 교과서 및 지도서, "윤리와 사상"(비상교육) 교과서 및 지도서, "EBS 수능특강", "EBS 수능완성" 등 여러 권의 책을 썼다. 인천국제고등학교, 인일여자고등학교 교사를 거쳐 현재 강화교육지원청에서 학교가 행복해질 수 있도록 성심껏 지원하고 있다.

행복으로 보는 서양철학

초판발행 2017년 12월 29일
초판 2쇄 2018년 3월 23일
초판 3쇄 2019년 2월 25일
초판 4쇄 2023년 5월 25일

저　　자 임정환
펴 낸 이 김성배
펴 낸 곳 도서출판 씨아이알

책임편집 박영지, 최장미
디 자 인 김나리, 윤미경
제작책임 김문갑

등록번호 제2-3285호
등 록 일 2001년 3월 19일
주　　소 (04626) 서울특별시 중구 필동로8길 43(예장동 1-151)
전화번호 02-2275-8603(대표)
팩스번호 02-2265-9394
홈페이지 www.circom.co.kr

I S B N 979-11-5610-345-5　03160
정　　가 16,000원